KB185460

미래식품을 경영하다
-미래식품과 푸드테크 & AI-

미래식품을
경영하다

조은희 지음

미래식품과
푸드테크 **& AI**

두드림미디어

먹거리에 대한 관심이 많은 사람으로서 조은희 대표의 전작《비건을 경영하다》(2023)에 대한 추천의 글을 쓴 기억은 꽤 즐겁고 소중한 경험이었다. 이 책이 출간된 지 얼마 되지 않았는데, 조 대표가 새롭게 출간을 준비하고 있는《미래식품을 경영하다: 미래식품과 푸드테크 & AI》의 원고를 접하게 되었다. 한편으로는 조 대표의 식견과 이야기를 풀어내는 재주에 대해 새삼 감탄하면서도 다른 한편으로는 상대적으로 비교되는 본인의 게으름을 인식하는 계기가 되어 민망하기도 했다. 1년 여의 시간 동안 이만한 양의 정보를 체계적으로 정리하고, 미래의 문제를 슬기롭게 해결할 수 있는 통찰력을 보여주는 조 대표의 기민함에 놀라울 따름이다. 이 책은 식품산업의 미래와 더불어 미래식품에 맞닿은 첨단 기술이 우리 사회에 어떠한 영향을 미칠지 가늠해볼 수 있다는 점에서, 생산자와 정책 입안자는 물론 소비자 입장에서도 일독의 가치가 충분하다고 생각한다.

고령화가 급속히 진행됨에 따라 국민건강이 미래 대한민국의 성장은 물론, 국민의 행복을 결정할 가장 중요한 요소가 될 것이다. 1990년대 초반 우리나라의 국민의료비는 GDP의 6%를 밑돌았으나, 최근 통계를 보면 9%를 훌쩍 넘기고 있다. 국민의료비 증가보다 더욱 심각한 것은 그 증가속도다. 현재 38개 OECD 국가 가운데 우리나라의 의료비 증가추세는 가장 빠른 편에 속한다. 급속한 의료비 증가의 압박 속에서 국민건강을 지켜내면서도 보건의료의 지속 가능성을 확보할 수 있는 방법은 무엇일까? 우리나라뿐 아니라 국제적인 전문가들이 한결같이 공통으로 제시하는 답변은 "국민들이 스스로 자신의 건강을 스마트하게 잘 돌볼 수 있도록, 사회적으로 그리고 정책적으로 잘 제도화되어 있는 나라"다. 이것이 국가적인 미래 숙제를 풀 수 있는 해답이 될 수 있다. 그렇다면 국민들 스스로 건강을 돌보기 위해 가장 중요한 수단은 무엇일까? 건강한 식생활과 건강한 생활태도, 즉 식생활과 일상에서의 운동을 꼽을 수 있다. 운동은 차치하더라도 건강한 식생활은 말처럼 쉽게 실천할 수 있는 일이 아니다. 바쁜 일상을 살아가는 현대인들이 건강에 도움이 되는 식품을 손쉽게 먹을 수 있기가 생각보다 어렵기 때문이다.

조 대표는 인공지능의 활용을 포함한 푸드테크의 활용이 먹거리와 관련된 다양한 문제를 해결하는 데 큰 가능성을 지니고 있음을 다양한 사례를 통해 보여주고 있다. 식량위기를 극복할 수 있는 대량생산의 가능성, 환경오염을 줄일 수 있는 기술적용을 통해 탄소배출을 절감할 수 있는 가능성, 인공지능을 활용함으로써 소비자의 수요를 보다 적확하게 충족시킬 수 있는 산업생태계의 개선 가능성을 제시한다. 이러한 가능성에 더해 고령화와 저출생의 인구구조 변화가 대한민국에 요구하고 있는, 보다 건강하면서도 장수의 축복을 국민들이 더 많이 누릴 수 있도록 식생활이 두텁게 지탱해줄 수 있는 가능성까지 확장한다. 또한 이 책을 통해 고령인구에 필요한 영양성분은 더 늘리고, 이러한 성분이 보다 원활하게 소화되어 노화를 늦추고 필요한 신체활동 능력을 보존할 수 있는 식품을 개인별 특성에 맞춰 편하게 제공받을 수 있는 미래의 모습을 엿볼 수 있었다.

  개인적으로는 식약처장으로 근무하면서 국내 기업과 대학의 연구자들이 식물기반 단백질 합성을 연구하고, 이를 식품으로 상품화한 사례들을 다양하게 경험할 기회가 있었다. 직접 먹어 본 몇 제품은 콩을 원료로 한 것이라 말해주지 않았다면 소불고기로 착각할 만큼 맛도 훌륭했다. 또한 바다가 아닌 연구실에서 해초를 배양하는 기술을 통해 해양오염을 줄이는 동시에 근로자들의 노동환경을 개선하는 효과도 기대할 수 있다는 가능성을 직접 확인하기도 했다. 만약 이런 노력들에 더해서 우리의 건강정보 데이터와 첨단 기술을 잘 활용해 최적의 먹을거리 정보와 제품을 개인별 특성에 맞춰 손쉽게 제공할 수 있는 미래가 현실이 된다면 우리는 환경보호, 식량위기 극복, 국민건강 증진이라는 여러 토끼를 한번에 잡을 수 있지 않을까 한다.

  우리의 미래는 심각한 고민을 통해 해결해야 할 여러 난제들을 던져주고 있다. 이러한 숙제들은 한 분야의 노력만으로도 해결되지 않고 하나의 기술발전으로 극복할 수도 없다. 그렇지만 다양한 분야에서 열린 자세로 연구해 개발하고 여러 첨단 기술을 이용한다면, 해결의 실마리를 하나하나 풀어갈 수도 있으리라 믿는다. 조은희 대표의《미래식품을 경영하다: 미래식품과 푸드테크 & AI》는 역시 해결의 실마리가 된다. 인공지능을 포함한 다양한 기술 개발을 통해 식량, 식품, 환경, 건강 등 심각한 공동의 미래 숙제를 풀 수 있는 가능성을 보여준다는 점에서 그 가치가 있다고 본다. 단순히 새로운 기술이나 제품, 서비스의 미래에 국한하지 않고 그 가치를 염두에 두는 분이라면, 저자의 눈을 통해 미래를 보다 긍정적으로 볼 수 있을 것이라 믿고 일독을 권하는 바다.

김강립

前 식품의약품안전처 처장
前 보건복지부 차관
현 연세대학교 보건대학원 특임교수

식사는 맛있게 하셨는지요?

그런데 오늘 드신 그 식사는 여러분 삶에서 몇 번째 식사인가요? 저의 오늘 점심은 64,049번째 식사였습니다. 통상 우리는 하루에 3끼, 1년이면 1,100번도 넘는 식사와 마주합니다. 인생에서 이만한 숫자의 행위는 또 없을 것입니다. 거꾸로도 생각해보았습니다. 그래서 식사를 안 하면 어떻게 될지, 조사를 해보았죠. 인간이 음식을 먹지 않고 버틸 수 있는 시간에 대해서요. 생존기간은 겨우 3일에서 21일이라고 합니다. 체내에 수분이 보충되면 21일, 물을 마시지 않으면 3일입니다. 이것은 일반적인 상황이고, 혹여나 건강하지 않은 식단을 지속했다면 그 생존시간은 더 짧아지겠죠. 우리 삶에서 음식이 이렇게까지 중요한 것임에도 불구하고, 저는 최근까지 먹거리에 대해 감사해본 적이 없었습니다. 심각하게 생각해본 적도 없었고요. 수만 번의 식사를 접하고 나서야 식품을 인생의 주요 주제로 삼게 된 저의 솔직한 고백입니다. 뒤늦게 시작한 만큼 나의 오늘보다는 후세의 내일을 위한 미래식품에 저의 열정을 바치고자 합니다.

우려가 맞았습니다

콩고기가 처음으로 상품화된 것은 1896년입니다. 켈로그(Kellogg's)에 의해서였죠. 땅콩으로 만들었고요. 2010년 초반, 잠자던 콩고기가 120여 년 만에 스타트업들의 '테크'를 만났습니다. 그리고는 대체육(Alternative Meat)이라는 멋진 이름으로 변신해 수퍼마켓에서 판매되기 시작했습니다. 테크로 무장한 덕에, 첨단 기술을 소개하는 CES(국제전자제품박람회 2022)에 '푸드테크(Food+Technology)'라는 세션이 인정되었고요. 더구나 코로나(COVID-19) 위기는 실험실에서 개발이 가능한 대체육에 날개를 달아주었습니다. 때맞게 등장한 대체육이 인류를 불안하게 했던 여러 식량 이슈들을 잠재울 것만 같았습니다. 이렇게 인구증가에 따른 식량위기, 기후위기, 그리고 기술발전이 대체육을 위시한 대체식품의 성장동력으로 작용했죠. 세상은 푸드테크라는 미명 아래 대체식품이 2차 식량위기를 해결할 것으로 기대했습니다. 60여 년 전 1차 식량위기를 녹색혁명이라 불리는 기술기반 대량생산으로 극복한 것처럼요.

그런데 어느 순간부터 기술을 등에 업은 대체식품업계가 너무 빠르게 버블화하는 불편함이 있었습니다. 물론 초스피드로 변하는 푸드테크에 대한 소비자 정보 수용의 한계와 새로운 시장 체계 구축 간의 타임랙이 존재할 수밖에 없습니다. 그럼에도 불구하고 제가 푸드 프로듀서로서 시장의 중간점검이 필요하다고 생각했습니다. 시장을 열어 보니 생각보다 허상이 많았습니다. 그래서 그 실상을 시장에 올바르게 전달하고자 2023년《비건을 경영하다》를 집필했습니다. 책에서는 버블화하는 대체식품 시장에 주

저하지 않고 수많은 질문을 쏟아냈고요. 그런데 시장은 저의 예상대로 움직였습니다. 제가 던진 우려 섞인 질문에 걱정했던 그대로 답을 내놓았죠.

대체식품은 기대와는 달리 동물성 식품 대비 영양학적 이점이 없었고, 대량생산하기에는 기술적 한계가 있으며, 가격은 비싸고, 장밋빛을 꿈꾸던 투자자의 인내심은 바닥이 났으며, 정책당국은 이해관계자들 사이에서 기준을 잡지 못했습니다. 게다가 대체식품이 만드는 일부 환경오염의 불편한 뒷이야기까지 확장되었죠. 결국 소비자의 실망은 무관심으로 이어지면서, 그렇게 시장의 거품은 꺼졌습니다.

한편, 기대가 우려로 변하는 틈새 시간 동안 식품 시장은 거대한 변화를 마주합니다. 그간의 혁신들이 마치 구석기시대의 유물인 양 새로운 변화의 급물결을 타고 있습니다. 디지털 혁신은 상상 속의 식품을 개발 가능하게 하고, 스마트해진 소비자의 수요는 초밀해지고요. 반면에 러-우크라이나전쟁은 식량안보에 위협을 가속화하고, 지구는 더 뜨거워졌으며, 생성형 AI(Artificial Intelligence 인공지능) 등장으로 세상은 해독 불가능한 블랙박스인 양, 식품 시장 역시 안갯속에서 갈 길을 찾아 헤매는 듯 복잡해진 양상입니다.

이렇게 사안이 복잡해질 때마다 세상은 늘 단순함으로 답을 제시했습니다. 문제의 본질로 돌아가서 첫 단추가 잘 꿰어져 있는지 살펴보라는 것이죠. 식품 시장뿐 아니라 모든 산업분야를 경악케 하는 AI 태동 역시 본질 탐구의 좋은 사례입니다. 70여 년 전 "기계가 생각할 수 있을까(Can machines think?)?"라는 단순한 질문이 오늘날 AI 탄생을 이끌어냈습니다. 단순하지만 쉬운 질문은 아니었죠. 이 질문의 본질은 인간 지능에 대한 개념을 파악하는 데 있습니다. 그것을 기계의 힘을 빌어 추적하려던 시도였고요. 생각하는 기계를 만들어 인간사고의 프로세스를 알아내고자 한 것입니다. 한마디로 기계를 우리의 삶에 필요한 도구로 삼고자 했던 것이죠. AI를 이러한 본래의 관점에서 고려한다면, 우리가 막연하게 기계가 인간을 정복할 수 있다는 우려를 하지 않아도 되지 않을까요? 기술 자체가 아니라 그 기술이 기능적으로 어떤 장점이 있고, 그것이 인간에게 어떤 혜택이 있는지에 최대한의 가치와 목적을 두는 것이 중요합니다.

가까운 사례도 있습니다. 기존의 많은 관행을 깨버린 파리 올림픽(2024) 이야기입니다. 기후위기와 글로벌 경제침체가 올림픽 정신을 일깨웠습니다. 파리기후협약을 준수한 '가성비' 올림픽을 기획하고 실천한 것이죠. 결과적으로 파리 올림픽은 동경 올림픽 대비 1/4, 베이징 올림픽 대비 1/8의 비용이 소요되었습니다. 당연하게 여겨지던 첨단 신축 경기장 대신 기존의 건축물을 활용한 것이 큰 몫을 했고요. 기존 올림픽 개최국의 신축 경기장들이 올림픽 이후에는 애물단지가 되는 것을 잘 알고 있었던 것입니다. 또한 개막식에서 머리 없는 마리 앙뜨와네트로 분장하고 잘린 머리를 든 합창단의 모습은 불편한 과거를 교훈으로 삼아 국가의 첫 단추를 매만지겠다는 야심 찬 공약으로 해석합니다.

"고기를 덜 먹으면 어떨까요?"

미래식품도 본질에서 관망해볼까요? 본질을 찾는다면, 180도가 아닌 360도로 돌려 봐야죠. 대체육은 왜 등장했나요? 2차 식량위기에 앞서 망가진 지구환경, 인류건강, 동물윤리를 회복하고자 했죠. 그렇다면 이들이 망가진 원인은 무엇인데요? 앞서 《비건을 경영하다》에서 그 발단을 찾고자 낱낱이 파헤쳤었습니다. 원인은 아니러니하게도 바로 1차 식량위기의 해결책이었던 공장식 축산업의 확장 때문이었습니다. 이런 경험을 했는데도 대체육 개발이라니요. 이는 올림픽 개최국들이 별 생각 없이 관행대로 신축 경기장을 화려하게 짓는 발상과 같습니다. 식품업계는 알면서도 왜 그랬을까요? 믿는 바가 있었습니다. 바로 테크라 불리우는 첨단 기술이죠. 이러한 기술을 과신해 복잡한 현실을 쉽게 꺼버리고 싶었던 것입니다. 문제의 근본 원인인 공장식 축산에서 답을 찾아야 했는데 말입니다. 공장식 축산으로 고기의 대량생산이 가능해졌고, 이로 인해 우리는 싼 가격의 고기를 너무 쉽게 먹었습니다. 이에 더해 지방 맛에 길들여져 필요량 이상으로 많이 먹었고요. 결과적으로 과식이 습관이 되었습니다. 그렇다면 답은 간단합니다. 필요량만큼만 먹으면 됩니다. 그러면 버려지는 음식도 없어지겠죠. 이쯤에서 식량위기의 해결에 대해 이렇게 질문을 바꿔 보겠습니다. "고기를 덜 먹으면 어떨까요?"

이제 저는 이러한 본질적 관점에서 변화에 대응 가능한 미래식품을 구상하고자 합니다. 그동안 시장이 답한 우려는 어쩌면 잘못된 질문이 만든 문제일 수 있습니다. 질문의 관점이 틀렸다면 절대로 그 상황에 필요한, 맞는 답을 얻을 수 없기 때문이죠. 올바른 질문은 그것이 생긴 이유를 묻는 것입니다. 질문이 바뀌면 생각의 방향이 바뀝니다. 원래 당연한 것은 없으니까요.

따라서 이 책은 미래식품에 대한 구상을 단순함에서 시작하고, 논의할 대상 요소를 모두 찾아 치열하게 검토하고 분석합니다. 단순함은 5W1H논리로 접근했습니다. 미래 세상의 지속 가능한 생명력(When&Where)은 건강하고 안전한 음식(What)에 달려 있습니다. 이러한 미래식품을 구상하는 주체자인 인간이 중심(Who)으로 현재 식량 시스템의 문제를 극복하고 새로운 미래식품을 구상하기 위해(Why), 기술과 혁신적 협업을 어떻게 이루어가야 하는지(How) 구상합니다. 이러한 논리하에서 이 책의 내용을 크게 두 부로 나누었습니다.

1부에서는, 식품산업에 영향을 끼친 기술의 역사와 기술의 효용성을 살펴 미래식품의 선이해를 돕습니다. 그리고 인류역사상 두 번의 식량위기를 극복하는 과정에서 발생하는 문제를 검토합니다. 이렇게 미래식품의 형성 배경을 고찰해 미래식품 구상의 밑그림을 그렸습니다.

2부에서는, 개발된 그리고 개발 중인 미래식품의 유형별 테크적 특성, 그리고 시장에서 이들의 경쟁력을 분석합니다. 식품개발에 응용되는 AI와 인간의 혁신적 협력을 살펴봄으로써 미래식품의 향후 영향력도 적시했고요. 또한 식품 수요의 원동력이 되는 음식문화 요소를 놓치지 않고 고려했습니다. 국가별 고유한 음식문화를 비교하면서 미래식품이 갖는 다양성과 지속 가능성의 의미를 엿보고자 합니다. 대체식품의 메카인 서구(주로 북미와 서유럽)와 그 외 지역의 음식문화에 대한 변화를 탐구하고, 긍정적인 음식문화가 어떤 것인지를 통해 궁극적으로 습관적인 음식 행동을 개선하기 위한 기회와 사례에도 주시했죠.

이러한 모든 논의 대상을 분석해서 미래식품의 5W1H 체계도를 제시했습니다.

이 책을 쓰면서 저의 화법도 바꾸었습니다. 여러분이라는 2인칭도, 그들이라는 3인칭도 아닌, 그리고 저 혼자의 1인칭도 아닌, '우리'라는 복수 주체자의 목소리로 이야기합니다. 우리에 의한, 그래서 결국 우리를 위한, 그런 우리의 의지를 강조하고자 합니다. 그리고 이번에는 우려 반 기대 반이 아니라 기대 100%의 미래를 지향하지만, 시장의 광분한 예상은 언급하지 않겠습니다. 허망한 기대는 언제나 허망할 뿐이죠. 첨단 기술 AI에게도 한껏 기대를 품습니다. 우리의 올바른 기대에 따른 AI 발전이 지속 가능한 미래가 될 것이기 때문입니다.

더불어 표현하는 수식어 고민도 많이 했습니다. 미래를 아우르는, 걸맞은 단어 하나를 찾고 싶었습니다. 저는 이를 '스마트'로 함축합니다. '다양한' 역할을 할 수 있다는 점에서 모바일폰을 '스마트폰'이라 부르는 이유에서, 그리고 담론보다는 '실천'에 초점을 둔 성공적인 습관 유도 접근법인 S.M.A.R.T.(Specific, Measurable, Action-oriented, Realistic, Time-bounded)의 약자에서 빌어 왔습니다.

스마트한 우리가 상상하는 대로, 그런 스마트한 미래가 올 것이라 믿습니다. 미래식품의 답은 누가 알려주는 게 아니라 결국 우리가 찾아야 하는 것이죠. 이 책이 그 답을 상상할 수 있는 상상력의 근거가 될 수 있기를 기대합니다.

조은희

차례

1부 미래식품 형성 | 과거를 뒤돌아보고 미래를 바라보다

1장 원시 기술에서 디지털 기술문명까지

2장 대체식품의 등장배경

1) 인구증가와 식량위기

(1) 1960년, 인구증가 그리고 1차 식량위기 vs. 생존

(2) 2000년, 인구증가 그리고 2차 식량위기 vs. 편리

2) 소비가치의 변용

3장 대체를 넘어, 미래식품에 대한 기대

2부   미래식품 발전 | 기술문명에 문화를 입히다

미래식품 형성

과거를 뒤돌아보고
미래를 바라보다

1장 원시 기술에서 디지털 기술문명까지

1. 수공업 기술 〈불의 사용〉
2. 산업형 기술 〈냉장고 발명〉
3. 첨단 기술   〈GMO 개발〉
4. 디지털 기술 〈IoT 냉장고 등장〉
5. 푸드테크 산업과 AI

인류역사는 불의 사용 이래 각 시대의 첨단 기술을 넘어 AI시대를 맞이했습니다.
"미래는 기술"이라고 부를 만큼
디지털 기술이 보여줄 혁신의 세상은 누구도 모를 미개척지입니다만,
미래식품 또한 기술이 나침반이 되어 줄 것입니다.

이에 식품산업에 영향을 끼친 기술의 역사와 기술의 효용성을 살펴
미래식품의 선이해를 돕고자 합니다.
다양하게 등장하는 푸드테크 산업을 예의주시하고자 합니다.

1

수공업 기술 <불의 사용>

인류진화의 시작은 불의 사용

포유류 중 가장 작은 치아를 가진 동물은 무엇일까요? 보다 정확한 질문을 한다면 신체와 치아의 비율로 볼 때 말입니다. 정답은 인간입니다. 그렇다면 인간의 치아는 왜 덩치에 비해 작아졌을까요? 부드럽고 연한 음식을 먹게 되면서부터인데요, 크고 날카로운 이빨 대신에 작고 무딘 이빨로 진화하게 된 것이죠. 불을 발견한 인간이, 먹거리를 단단하지 않고 질기지 않게 만들 수 있는 기술을 익혔기 때문입니다. 음식을 불에 익히면 녹말은 젤라틴화하고 단백질인 콜라겐은 젤리 상태로 변화합니다. 단단하고 질긴 식물성 섬유질이나 동물성 육질에 높은 온도가 가해지면 부드럽고 연해지죠. 인간이 이렇게 음식을 불로 익혀 먹은 덕분에 음식을 씹는 데 사용하는 시간을 하루 4시간씩 절약할 수 있게 되었습니다. 게다가 소화에 드는 에너지 소모량의 10%도 절약할 수 있게 되었고요. 인간이 이렇게 신체적으로 진화하면서 다른 포유류와 다음과 같은 차이가 발생합니다.

인간의 뇌는 다른 포유류의 뇌와 같은 형태로 구성되어 있지만, 신경세포의 숫자가 훨씬 더 많습니다. 상대적으로 이렇게 많은 신경세포를 유지하는 것은 보통 일이 아니고요. 신경세포가 에너지를 많이 소비하기 때문이죠. 신경세포를 860억 개나 가지고 있는 인간의 뇌는 하루에 약 516kcal의 에너지를 사용하는데요, 이는 하루에 섭취하는 총 에너지의 25%에 달하는 양입니다. 쉽게 표현하면, 소고기 구이 200g 섭취 시 얻을 수 있는 에너지 양과 같습니다. 시금치 나물이라면 700g, 큰 햄버거는 1개, 피자는 2조각에 해당합니다. 문제는 이렇게 많은 에너지를 섭취하는 것이 쉬운 일이 아니라는 거죠. 인간이 다른 포유류와 마찬가지로 날음식을 섭취했다면, 하루 종일 먹기만 해도 필요한 에너지를 충분히 얻기 어려웠을 것입니다. 516kcal를 생식(生食)으로 바꿔 계산해보죠. 소고기의 경우 익히지 않고 날것이라면 400g, 생시금치는 2,200g(10단 이상)을 섭취해야 같은 에너지를 얻을 수 있습니다. 이처럼 생식은 더 많은 에너지가 필요하고, 부가적으로 소화에도 시간이 더 많이 소모되죠. 하지만 화식(火食)은 소화에 필요한 에너지를 줄이면서도 더 많은 에너지를 섭취할 수 있게 합니다. 인간이 하루 30분씩 3끼만 먹고도 고비용 조직인 뇌를 유지하고 발전시킬 수 있게 된 비결이라 할 수 있습니다.

불을 사용해 명석하게 진화한 인류는 고도로 발달된 기술문명

사회를 이룩했습니다. 기술은 우리 삶의 모든 곳에 영향을 미치고 있고요. 우리의 음식도 다르지 않습니다 자연에서 누적된 발견으로 시작된 과학현상이 지식문명을 통해 식품에 응용되고 줄곧 발전해왔죠. 식품에 가미된 기술이 인류가 확장하고 번영하는 데 도움을 주었습니다. 인간이 스스로 음식을 요리하고 재배하며 보존해온 이래로, 우리는 더 맛있고 영양가가 높으며 풍성한 수확물을 개발하는 동시에 해당 음식을 더 오랫동안 저장할 수 있도록 기술을 발전시켜 온 것이죠. 선사시대에 발견된 불이 오늘날 전자레인지와 인덕션이라는 스마트한 불로 진화한 것도 한 예입니다. 스마트한 기술이 등장하면서 이제는 더 이상 식품기술이 아닌, 푸드테크(FT, FoodTech=Food+Technology)라는 한층 진화된 개념으로 확장되면서, 이는 식품 관련 분야를 아우르는 하나의 거대한 산업으로 자리매김하기에 이르렀습니다. 여기에 기술을 다루는 모든 산업분야가 동참하고 있는 것이 현실이죠. 세계적인 인구 팽창에 대응해 건강한 식량을 균형 있게 공급하기 위해 최첨단 과학기술을 활용하는 새로운 방법을 계속 모색하고 있고요. 이런 의미에서 인류의 생존을 관장하는 푸드테크는 계속해서 지구상에서 가장 중요한 산업이 될 것입니다.

전 세계 모든 사람이 안전하고 영양가 있는 식품에 접근할 수 있도록 한다는 푸드테크의 목적은 더 이상 단순히 식품을 더 많이 재배하는 데 있지 않습니다. 이는 신선하게 재배된 식품을 최대한 건강에 좋은 제품으로 전환하는 동시에 최소한의 에너지를 소비하고 가공, 포장 및 유통에 이르는 식품공급망 전반에 걸쳐 폐기물을 최소화하는 것을 포괄하죠. 이렇게 확장된 식량안전의 과중한 과제를 수행하기 위해서 작금의 과학기술은 필수 수단이 되었습니다.

푸드테크라는 미명하에 등장한 미래식품산업에 이제 AI(Artificial Intelligence, 인공지능)까지 합세했네요. 전 세계의 식량안전을 보장하려는 시계가 더욱 빨라졌습니다. 그런데 우리가 이러한 속도에 편승하기 위해서는 미래식품이라는 이름에 붙여진 현란한 기술 용어들에 현혹되지 않고, 목적에 부합한 미래식품에 대한 올바른 이해가 우선되어야 합니다. 따라서 본론으로 들어가기 전에, 식품에 입혀진 과학기술 그리고 그 개념을 먼저 살펴봐야 할 것입니다. 〈자료 1〉을 통해 선사시대부터 타임라인을 따라 정리해보고, 기술발전 단계별로 설명을 드리겠습니다.

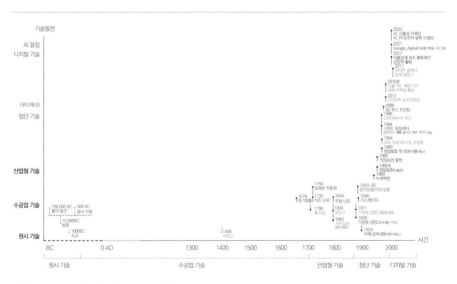

〈자료 1〉 인류역사와 식품기술의 발전
출처: 필자 작성

2

산업형 기술 <냉장고 발명>

소금 절임이 통조림으로, 석빙고가 냉장고로

"병 속에는 3주일 전에 밀봉해놓은 야채들이 들어 있다. 지금도 야채들은 푸르고 싱싱하다."

어느 발명품을 표현한 내용입니다. 이 발명품의 등장은 이렇습니다. 18세기 말 프랑스 대혁명 발발 이후 그 여파로 프랑스와 유럽 국가들 사이에 나폴레옹 전쟁이 벌어졌습니다. 이때 프랑스의 통치자였던 나폴레옹^{Napoléon Bonaparte}이 대규모 상금을 건 아이디어 모집광고를 합니다. 전쟁 통에 프랑스 병참에서는 신선한 식품공급이 부족해졌고, 영양부족으로 인해 곳곳에서 질병이 유행했죠. 특히 프랑스 해군 내에는 비타민C 결핍으로 생기는 괴혈병이 도져 큰 문제가 되었고요. 이러한 문제에 봉착한 나폴레옹이 식품을 신선하게 저장할 수 있는 방법을 찾고자 아이디어 모집광고를 낸 것입니다. 이때 파리 부근에서 식품공장을 경영하던 니콜라 아페르Nicolas Appert라는 사람이 응모를 합니다. 그가 내놓은 발명품이 앞서 표현한 병조림이었죠. 아페르 씨가 발명한 병조림의 제조공정을 살펴보면, 우선 조리한 식품을 주둥이가 넓은 병에 넣습니다. 그리고 코르크 마개로 병을 헐렁하게 막은 뒤, 30~60분 동안 끓여서 병 안의 공기를 빼내고 단단하게 밀봉하는 방법입니다. 1795년 이 발명품이 나폴레옹의 눈에 들면서, 아페르 씨는 1만 2,000프랑의 상금을 받습니다.

전쟁 중에도 역시 먹거리가 가장 중요합니다. 당시 프랑스의 적국인 영국이 아페르 씨의 비밀을 알게 됩니다. 나폴레옹이 추가적인 상금 지급과 함께 병조림 방법을 공개하라는 제안에 따라, 1810년 아페르 씨가 〈동식물성 물질을 보존하는 기술(L'Art de conserver les substances animales et végétals)〉이라는 제목의 논문을 발표했기 때문이었죠. 겨우 몇 개월 후에 영국 상인, 피터 듀란드Peter Durand가 병 대신에 양철 깡통(tin can)에 식품을 보관하는 통조림을 만들어 국왕 조지 3세George III로부터 특허까지 받습니다. 1812년 이 특허를 사용한 최초의 통조림 공장이 영국에서 가동되기 시작합니다. 1820년에는 미국에서 기업화되어 대량생산을 하면서 급기야 1861년에 시작된 남북전쟁에서 군인용 휴대식량으로 널리 이용되었고요. 앞선 아페르 씨의 병조림도 곧바로 전쟁에서 실제로 사용되었고, 1870년대에는 대량생산 공장이 만들어져 급속하게 보급되기 시작했죠. 지금까지도 식품보존 방법으로 널리 사용되는 병조림과 통조림의 발명은, 원시 기술이 산업형 기술로의 포문을 열게 한 전환점입니다. 전쟁을 계기로 인류는 훨씬 더 크고 산업적인 규모로 식품보존을 가능하게 했습니다(자료 4).

　음식을 어떻게 하면 상하지 않게 오래 보관할 수 있는가 하는 것은, 병참기능이 필수였던 전쟁 중이 아니어도 아득한 옛날부터 인류의 간절한 소망이었을 것입니다. 인간이 기술을 사용해서 식품을 보존, 저장하던 역사는 불의 발견만큼이나 거슬러 올라갑니다. 기원전 1만 년 전에는 발효로, 기원전 1000년에 이집트에서는 소금으로 식품을 보존했죠. 인류는 구석기시대부터 식품에 과학을 적용했습니다. 통조림 발명 이전의 각종 전쟁에서 군인들이 먹던 음식에도 말리거나(빵), 소금에 절이거나(육류), 연기로 처리하는(육류) 등 식품 위에 보존 기술이 한껏 입혀져 있었죠. 지금 우리가 건조(Drying), 염지(Curing), 동결(freezing), 발효(Fermenting)라고 부르는 기법이, 이미 통용되고 있었음을 알 수 있습니다. 이러한 식품 저장의 방법에는 식품의 부패를 막는다는 막대한 전제가 있습니다. 완전히 가열 살균된 식품을 완전히 밀봉해서 세균이 발생하지 않는 통조림의 원리는, 50년뒤 생화학자 루이스 파스퇴르Louis Paster가 발견한 미생물 역할과 그가 개발한 저온 살균법의 근거가 됩니다.

　화식을 하면서 스마트해진 인류입니다. 음식에 대한 보존 갈망이 통조림에서 그치지 않습니다. 뜨거움을 맛보았다면 차가움에도 도전해보고 싶었을 것입니다. 1842년에 랍스터가 처음으로 열차를 타고 미국 북동부 대서양 연안에서 시카고까지 이동을 했습니다. 1868년에는 호주의 소고기가 영국으로 출항했고, 1882년에는 4,300여 마리의 양고기가 최초의 냉장선을 타고 98일간 뉴질

랜드에서 런던으로 항해했습니다. 당시 무슨 일이 벌어져 이렇게 원거리 수송이 가능해진 것일까요? 바로 냉각 기술의 등장 때문입니다. 1748년 냉매의 발견으로 인간이 최초의 인공 얼음을 생산한 이래, 이 냉각 기술은 19세기 말 드디어 냉장고의 발명을 낳게 합니다. 식품보존 기술이 비약적으로 발전하게 되죠. 소금 절임이 3000여 년을 점프해서 통조림으로 내려 앉았듯, 냉장고 발명의 기저에는 무엇이 있을까요? 옛날 알렉산더 왕에게 여름에 찬 음식을 대접하기 위해 그의 신하는 높은 산의 눈을 싸들고 뛰었다던데요. 우리의 조상들은 어떠했는지 자료를 찾아봅니다. 시대를 한참 올라갑니다. 1414년《태종실록》에, '내빙고(內氷庫)를 세워서 여름철 무더위에 어육(魚肉)이 썩지 않도록 대비하자고~', 1420년《세종실록》에, '얼음이 단단하게 얼지 못하였다 하여, 군정(軍丁)을 모아서 얼음을 저장하게~ (중략) ~거리가 매우 멀어서 운반하기가 괴롭다 하여, 바로 이궁(離宮, 창덕궁)의 동쪽에다가 별도로 빙고(동빙고, 東氷庫)를 만들게 하여~'라는 기록이 있죠. 겨울 한강에서 얼은 얼음을 잘라 보관했다는 조선 전기의 동빙고와 서빙고, 그리고 목재가 아닌 석재로 쌓은 조선 후기의 석빙고(石氷庫)가 현존하는 우리 냉장고의 전신입니다(자료 2).

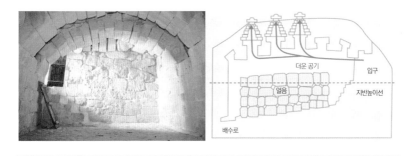

〈자료 2〉 석빙고 빙실 내부와 원리
출처: 국가유산청

석빙고의 원리가 궁금하죠? 우선 석빙고 내부를 냉각시키는 방법의 핵심은 바로 출입문 옆에 돌을 쌓아 만든 날개벽에 있습니다. 겨울철에 부는 찬 바람이 이 날개벽에 부딪혀 소용돌이로 변해 석빙고 내부 깊은 곳까지 들어가서 내부의 온도를 낮춰 줍니다. 이때 날개벽은 조금 더 많은 양의 찬 바람이 석빙고 안쪽으로 들어갈 수 있도록 해주고요. 실제로 일반 지하실의 겨울철 기온이 10도 정도인 데 비해 석빙고 내부 기온은 영하 5도에서 영상 2도 사이쯤 됩니다. 적정한 온도를 유지하는 것이 특징이죠. 이처럼 석빙고는 '여름에도 얼음의 상태를 유지할 수 있는 저장 구조가 무엇일까?'를 고민하던 조상의 노력이 만들어낸 소중한 과학 유산입니다.

궁금증을 하나 더 풀어보죠. 그렇다면 국내 냉장고의 시초는 언제일까요? 1965년에 출시된 금성사(현 LG전자)의 눈(雪)표 냉장고(GR-120)입니다(자료 3). 용량은 120리터밖에 안 되었지만 대졸 초임 월급이 1만여 원이던 1968년에, 가격이 무려 8만 600원이었습니다. 지금으로 환산하면 3,000만 원도 넘는 사치품이었죠.

〈자료 3〉 금성사 눈표 냉장고(GR-120) 광고
출처: 〈경향신문〉

그래서 당연히 경제 상위 1%만 집에 갖춰둘 수 있는 물건이었습니다. 95%의 국민이 냉장고를 보유하기까지는 20년쯤 더 기다려야 했고요. 지금이야 아침에 일어나면 제일 먼저 여는 냉장고, 하루에도 수십 번 여는 냉장고, 없이는 도저히 못 살 것 같은 냉장고의 존재감입니다. 하늘에서 편리함이 뚝 떨어진 것 같은 냉장고입니다만, 이렇게 편리한 냉장고 문을 감사한 마음으로 열어보는 것은 어떨까요?

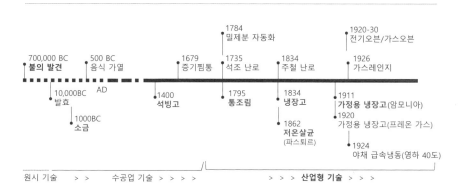

〈자료 4〉 푸드테크 진화 타임라인_산업형 기술시대
출처: 필자 작성

3

최첨단 기술 〈GMO 개발〉

테크는 할 수 있어, '더 빨리 더 많이'

옥수수(사료율 60%)가 현재 인류의 육식을 책임지고 있다.
수퍼마켓에 진열된 식품의 75%가 옥수수를 포함한다.
가공식품 1,500여 개 중 1,300개 정도에 옥수수가 들어 있다.
사람 체내 탄소의 69%가 옥수수에서 생성된 것으로 확인되었다.

하루에 세 끼를 꼬박 챙겨 먹는 일상은 '오늘은 무엇을 먹을까?'
하는 고민의 연속입니다. 하지만 진짜 그런 고민이 필요할까요?
위에 인용한 내용의 수치로 보면, 우리가 무엇을 먹어도 결국 옥
수수를 먹는 것과 같을 뿐인 걸요. 옥수수에 어떤 의미가 담겨 있
는지 알아보겠습니다.

주지하다시피 옥수수는 전 세계적으로 가장 많이 재배되고 활용되는 곡물입니다. 전 세계 곡물생산량의 45%를 차지하죠. 여기에는 그럴 만한 충분한 이유가 있습니다. 우선 옥수수를 재배하는 특성에서 찾을 수 있는데요, 옥수수는 다른 작물에 비해 재배하기가 쉽습니다. 씨앗이 커서 파종기(播種機)로 쉽게 심을 수 있고, 키가 크고 줄기가 단단해서 병해충 방제는 간편하게 기계로 하기도 용이하죠. 다른 작물에 비해 병충해도 적은 편이라 농약 사용이 많지 않지만, 그것마저도 옥수수 껍질이 옥수수를 단단히 싸고 있어 농약이 적게 묻는 것도 장점 중 하나이고요. 또한 토양을 가리지 않는 편인 데다가 비료를 흡수하는 능력도 우수해 땅을 깨끗하게 해주기도 합니다. 따라서 지구상의 3대 작물(쌀, 밀, 옥수수) 중 생산성이 가장 높습니다.

　옥수수를 재배하는 또 다른 이유는 다양한 활용성에 있습니다. 옥수수를 따고 남은 옥수숫대는 동물의 사료가 됩니다. 옥수숫대와 줄기, 잎 등은 비료로 만들어 사용할 수 있는데요, 따로 가공할 필요 없이 그냥 땅 위에 올려놓으면 알아서 부패하죠. 그러면 스스로 토양의 성질을 개선해줍니다. 이른바, 멀칭(mulching) 효과입니다. 전혀 쓸모없을 것 같은 옥수수 수염은 차로 마실 수 있고, 옥수수 껍질은 공예품으로 사용합니다. 이러한 부산물 외에 옥수수 자체의 이용은, 높은 당분 함량과 열량 때문에 일차적으로 동물의 사료로 큰 비중을 차지합니다. 우리는 익혀서(찌거나 구워서) 먹거나 팝콘으로 만들어 먹고요. 그리고 다양한 형태로 음식에 첨가해 먹게 됩니다. 고과당 시럽(high-fructose corn syrup)은 형태가 보이지는 않지만, 옥수수가 식품 안에 들어가는 대표사례입니다. 이 시럽은 요구르트와 드레싱, 버터 등의 첨가물로 쓰이며, 거의 모든 탄산음료와 과일주스의 단맛을 내주는 감미료로 사용됩니다. 또한 이 시럽에 캐러멜 착색제가 합쳐지면 콜라가 완성되죠. 맥주 역시 옥수수에서 정제한 포도당으로 발효시킨 알코올입니다. 옥수수를 활용한 사례는 더 있습니다. 식품가공에 있어 접착제 역할을 하는 화공(modified) 옥수수 전분, 먹음직스럽게 보이게 하는 착색제(coloring agent), 유화제 글리세리드(glyceride), 그리고 식품보존과 산도조절제로 사용되는 구연산(citric acid)조차도 옥수수에서 비롯되었습니다. 이 외에도 코팅용 반죽에 들어 있는 옥수수 가루, 식품을 튀길 때 쓰는 옥수수 기름이 있죠. 옥수수를 먹고 자란 소에게서 짠 우유는 옥수수 덕에 비타민 D가 2배 많은 강화우유가 되고요.

이렇듯 옥수수의 이용범위는 무궁무진합니다. 근래에 들어 옥수수를 이용한 에너지 개발 연구도 활발합니다. 가히 옥수수 혁명이라 일컬을 정도죠. 이 중에서 가장 주목받고 있는 것은 바로 옥수수를 활용한 바이오 연료입니다. 옥수수는 자동차뿐만 아니라 비행기 연료로도 사용된 바 있죠. 2017년 대한항공 여객기가 시카고 공항에서 인천 공항까지의 항로에서 기존 항공유 95%에 옥수수로 만든 바이오 항공유 5%를 섞은 연료를 사용하는 실험을 했습니다. EU는 2025년부터 바이오 항공유 사용을 의무화했고요. 최근에는 바이오매스 플라스틱 소재가 뜨거운 뉴스입니다. 바이오매스 플라스틱은 재생 가능한 자원인 바이오매스를 원료로 이용해 만든 플라스틱이죠. 옥수수 등 식물에서 유래했기 때문에 생산·분해과정에서 이산화탄소와 유해물질이 기존 플라스틱에 비해 적게 배출됩니다. SK그룹 계열사 SKC가 옥수수 추출 성분으로 PLA(Polylactic acid, 폴리 유산) 필름을 만들었는데요, 이 필름은 땅에 묻으면 14주 만에 미생물에 의해 분해되는 친환경 소재로 환경오염이 없습니다. 친환경 소재로 활용된 옥수수의 사례는 또 있습니다. 병이나 페트병의 뚜껑 부분을 보호하고, 새 제품이라는 것을 표시하는 플라스틱 보호막도 옥수수에서 추출한 포도당으로 만듭니다.

또한 의학 분야의 양방과 한방에서 모두 옥수수를 활용합니다. 한의학서 《본초강목(本草綱目)》에는 '옥수수는 위 기능을 강화하고 소변을 편안히 보게 하는 효능이 있다'고 기록하고 있으며, 옥수수 속대를 끓여 먹으면 치통을 억제하는 효과가 있어 민간요법으로 널리 활용되어 왔죠. 양방에서는 신약 개발에도 쓰이고 있습니다. 옥수수에 포함된 유효성분을 활용해 잇몸 치료제, 비뇨기 질환 치료제 개발 등이 진행되었으며, 이 중 옥수수 종실에 함유되어 있는 불검화추출물(KHP)은 치주 질환 치료에 이용되었고요. 뿐만 아니라 약에도 옥수수가 들어갑니다. 반질반질한 알약의 바깥면에 발라진 코팅제가 옥수수에서 추출한 셀룰로오스인 경우가 많습니다. 가루약을 담는 캡슐에도 쓰이죠. 옥수수는 약을 삼키기 좋게 도포를 해주고, 위산에 약이 바로 닿는 것을 막아 약효를 오래 지속하는 효과를 줍니다.

한편 치약에도 옥수수 성분이 있네요. 치약 특유의 질감과 맛은 소르비톨(sorbitol)이라는 성분이 결정적 역할을 하는데요, 이 물질은 옥수수의 포도당으로 만들어집니다. 소르비톨이 들어가지 않으면 치약은 미끈거리는 비누 맛이 난다고 합니다. 편지봉투나 우표에도 옥수수가 들어 있습니다. 뒷면에 침이나 물을 묻히는 부분에 숨어 있죠. 옥수수에서 뽑아내는 전분이 물(침)에 닿으면 끈적끈적하게 변하는 성질을 이용했습니다. 타이어를 만들 때도 옥수수를 씁니다. 완성품에 들어가는 것은 아니지만, 제조공정에 필요한 성분이죠. 성형 틀에 찍어내는 제품들은 압축공정을 거치는데요, 이때 금속으로 만든 틀에 성형체가 붙지 않게 하려면 옥수수 전분 가루를 뿌려줘야 합니다. 옥수수 향이 나는 화장품은 없지만, 향수의 주요 성분도 옥수수입니다. 향수는 기화점이 다른 여러 가지 식물성 알코올을 합성해 향을 만드는데, 이때 쓰는 알코올을 옥수수에서 뽑아냅니다. 친환경 소재로 만든 기저귀에도 옥수수가 들어갑니다. 기저귀가 흠뻑 젖지 않는 것은 층층이 초흡수제가 겹쳐져 있기 때문인데요, 이 흡수제의 필수 성분인 에틸렌(ethylene)이 바로 옥수수 녹말에서 나옵니다.

이처럼 식량인지, 사료인지, 연료인지, 어느 것 하나 버릴 게 없는 옥수수가 생활 전반에 파고들어 인류의 소중한 자원으로 자리매김하고 있습니다. 하지만 옥수수가 식용이 되기까지의 역사는 파란만장합니다. 옥수수는 원래부터 작물로서 활용 가치가 있던 식물이 아니었습니다. 옥수수의 기원은 테오신트(teosinte)라는 잡초로 분류되는 식물이었죠. 기원전 5000년 경부터 중남미 지역에서 이 잡초가 육종(育種)을 통해 개량되어 현재의 옥수수 형태가 된 것입니다. 재배 기간이 불과 500여 년인 것을 보면 많은 육종과정을 겪었음을 알 수 있습니다. 이 중 특별히 눈여겨볼 만한 육종사례가 있습니다. 개발자들은 품질이 좋은 옥수수 생산을 위해 원하지 않는 꽃가루가 암꽃에 수정되는 것을 방지하고자 했습니다. 인위적으로 수꽃을 제거하고자 했지만, 너무 많은 노동력을 필요로 했죠. 이 문제를 해결하고자 웅성불임(TMS, Texas cytoplasmic male sterility) 옥수수가 개발되었습니다. 웅성불임 옥수수는 꽃가루의 수정능력을 제거함으로써 잡종 교배를 막고, 원하는 형질을 가진 꽃가루만을 암꽃에 수정할 수 있게 만든 획기적인 육종의 성과였습니다. 이후, 대부분의 미국 옥수수 재배지에서는 웅성불임 옥수수가 재배되었죠. 그런데 1969년, 미국의 옥수수 밭 일부에서 곰팡이(Bipolaris maydis)에 의해 발생하는 옥수수깨씨무늬병(Soutern Corn Leaf Blight)이 발생하자 걷잡을 수 없이 피해가 확대되었습니다. 거의 모든 재배 지역에서 웅성불임 옥수수만을 심었으니까요. 1970년 여름에 미국 남부 일부 지역의 옥수수 수확량은 100% 가까이 줄었고, 중부 지역에서도 수확량이 평균 20~30% 감소했고요. 당시 옥수수깨씨무늬병에 의한 피해는 전국적으로 10억 달러(약 1조 3,000억 원) 손실을 가져온 것으로 추정합니다.

당시 미국사회는 이 난리를 어떻게 극복했을까요? 그들은 옥수수의 거대한 활용도를 잘 알고 있었기에 절대로 옥수수를 포기할 수 없었습니다. 그래서 여기에서 '테크'가 발휘됩니다. 과학자들이 앞장서서 농부가 재배하기 쉬운 새로운 옥수수를 개발했습니다. 살충성 독소 단백질(Bacillus Thuringenesis) 유전자를 주입해서 옥수수가 해충의 피해를 받지 않도록 했죠. Bt옥수수라 불리웠던, 바로 GMO(Genetically Modified Organism 유전자 변형 작물) 옥수수가 등장한 것입니다. 이른바 Bt옥수수는 1995년 미국환경

보호국(EPA Environmental Protection Agency)의 승인을 받고, 이듬해인 1996년 세상에 선보입니다. 최초의 GMO작물이었던 토마토(Flavr Savr)가 품종의 견고성을 높여 유동기한을 연장하고자 한 것에 비하면, Bt옥수수는 높은 생산성에 초점이 맞춰져서 한층 진화된 품종입니다(자료 5).

한편 스마트해진 인류는 이제 맛을 넘어 효율성을 추구합니다. 옥수수는 단기간에 식품공급 사슬의 정점에 올랐습니다. 미국 포브스(Forbes) 미디어는 최근 수퍼마켓에 진열된 식품의 75%가 옥수수를 포함하고 있다고 보도했죠. 마이클 폴란Michael Pollan 교수도 그의 저서 《잡식동물의 딜레마》에서 가공식품 1,500여 개 중 1,300개 정도에 옥수수가 들어가 있어 이를 빼고 음식을 먹기가 힘들다고 설명했고요. CNN방송의 의학 전문기자인 산제이 굽타 Sanjay Gupta 박사는 자신의 머리카락을 통해 실제 옥수수가 몸에 얼마나 들어갔는지 실험했는데요, 그 결과 체내 탄소의 69%가 옥수수에서 생성된 것으로 확인되었습니다. GMO옥수수의 파급력 때문입니다. '더 빠르게' 그리고 '더 많은' 생산이 가능해졌기 때문이죠. 세계 종자 시장 규모 449억 달러 중 47.7%인 214억 달러를 이미 GMO종자가 차지하고 있을 정도입니다(HIS Markit 2021). 현재 옥수수의 최대 생산자이자 수출국인 미국의 경우, 옥수수 생산의 최대 92%가 GMO입니다. GMO작물은 옥수수에 이어 사탕무우, 카놀라, 대두, 면화, 감자, 호박(summer squash), 파인애플(pink pineapple), 파파야, 사과, 알팔파로 확대되었고, 미국 외 전 세계적으로 대략 70개국에서 GMO작물과 29종의 생명공학 작물을 수입하거나 재배합니다. 수입국에 해당하는 한국은 GMO작물

수입 세계 2위입니다. 수입 농산물의 주종인 옥수수와 대두의 물량 중 약 70%가 GMO입니다.

　개발 과정에서 GMO기술의 잠재적인 활용 가능성은 무궁무진합니다. 최근 연구자들은 박테리아 시스템을 활용해서 유전자 편집을 단순화하고, GMO유기체의 더 쉬운 개발을 가능하게 하는 CRISPR(Clustered Regularly Interspaced Short Palindromic Repeats, 세균의 유전체에서 발견되는 독특한 염기서열)라는 새로운 기술을 개발했습니다. 이 연구 개발자에게 노벨 화학상(2020)이 수여되었고요. GMO와 CRISPR의 가장 큰 차이는 외부 유전자 도입 여부입니다. GMO가 원래 작물에 없었던 외부 유전자를 집어넣어 재조합하는 방식이라면, CRISPR은 원래 가진 유전자를 편집하는 기술이죠. '유전자 가위 기술'이라고 불리기도 하면서 의료계에서도 많은 연구와 임상이 진행되고 있습니다. 한편 유엔은 2050년까지 전 세계인구에게 적절한 식량을 공급하기 위해 현재보다 70% 더 많은 식량을 생산해야 할 것이라고 예측합니다. 실제로 이 문제를 해결하려면 혁신적인 접근 방식이 필요한데, 이미 인류는 식품을 유전적으로 조작하는 것을 잠재적으로 유용한 도구로 인식하고 있습니다.

　살펴본 것처럼 1900년대부터 식품산업은 전환기를 맞이했습니다. 산업혁명 이후 빠른 인구증가에 맞물린 생존형 식량공급이 우선시되었기 때문입니다. 따라서 생산량 향상에 초점이 맞춰졌죠. GMO작물 등장의 이유입니다. 같은 맥락으로 농업 분야에서 효율성을 높이고 비용을 관리하기 위해 최첨단 기술을 도입합니다. 1990년대 초, 존 디어(John Deers)가 트랙터용 GPS(Global Positioning System, 지구위치 파악 시스템) 유도를 도입하면서 정밀농업의 효시를 만들었습니다. 이레로 농작물 재배 및 가축사육과 관련한 농업 관행을 보다 정확하고 통제할 수 있는 기술들이 동원됩니다. GPS 유도장치, 제어 시스템, 센서, 로봇 공학, 드론, 자율 주행 차량, 가변 속도 기술, GPS 기반 토양 샘플링, 자동화된 하드웨어, 텔레매틱스, 소프트웨어 등이 해당 기술입니다. 이러한 기술수요에 따라 첨단 기술시대라 불리우는 1900년대의 IT 저변에는 이미 AI가 태동해서 발전하고 있습니다.

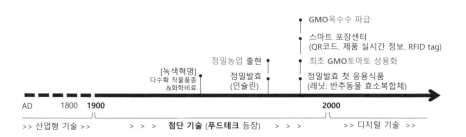

〈자료 5〉 푸드테크의 진화 타임라인_첨단 기술시대(1900년대)
출처: 필자 작성

4
디지털 기술 <IoT 냉장고 등장>

엄마 대신 냉장고에게 물어, "오늘 무얼 먹지?"

"오늘 하루 일정을 알려줘.""오늘 비가 올까?"

"교회 가는 길 교통상황은 어때?""새로운 경제뉴스 있어?"

"커피콩 좀 주문해줘.""내 쇼핑 목록에 토마토 추가해줘."

"579의 12%는 얼마지?""스페인어로 '안녕하세요'를 어떻게 말해?""크리스마스까지 몇 일 남았지?""로봇 청소기를 켜줘."

"오븐 타이머 30분으로 설정하고 시작해줘.""침실 조명 켜줘."

"9월 4일에 치과 예약이 있다고 알려줘.""매주 화요일 저녁 8시에 쓰레기통을 비우라고 알려줘."

"봉골레 스파게티 레시피 보여줘.""오늘 밤 TV에 무슨 프로그램이 있어?"

누구에게 묻고 있는 걸까요? 더 스마트해진 인류는 이제 편리성을 추구합니다. 드디어 클릭 한 번으로 모든 문제의 답을 얻는 시대가 도래했습니다. 더 나아가 자동 검색을 넘어선 대화형 음성 인식으로 답을 들을 수 있죠. 2014년, 아마존(Amazon)이 만든 **AI 플랫폼 알렉사(Alexa)**가 등장하는 순간입니다. 기술문명에 길들여진 인류는 이 정도에 만족하지 않습니다. 더 구체적이고 더 개별적인 질문을 던집니다.

"오늘 저녁 집에서 무얼 '맛있고 즐겁게' 먹을까? 그런데 냉장고 안에 어떤 음식이 있는지 생각이 안 나. 요리방법도 모르고."

이런 질문에 답하기 위해 알렉사가 냉장고에 탑재되었습니다. 카메라와 AI 스마트를 사용해서 냉장고 안의 식료품을 인식하고, 현재 가지고 있는 식재료로 가능한 조리법을 제안합니다. 냉장고 문 위에 적재된 화면에는 요리법이 상영되고요. 더 많은 재료가 필요한 경우 쇼핑 목록으로 쉽게 정리할 수 있으며, 배달 서비스로 주문을 처리하는 데 도움을 줄 수도 있죠. 심지어 음식의 유통기한이 가까워지면 알림을 받을 수도 있습니다. 따뜻하고 다정한 엄마는 아니지만, 대신 고민해준 스마트 냉장고의 답은 그럴싸합니다.

스마트해진 기계에 대해 어떻게 생각하시나요? 인류의 역사와 기술의 역사가 결합되어 있음은 지금껏 살펴보았습니다만, 여기서는 인간의 고유영역이라 여겨지던 사고영역과의 결합을 묻습니다. 그런데 인류가 던지는 이 질문은 지금이 처음은 아니죠. AI 시대의 서막을 알렸던, 세계 바둑 챔피언 이세돌 9단과 AI 바둑 프로그램 〈알파고(AlphaGo)〉의 대결이 있던 그날을 모두 기억하시죠? 이보다 20년이나 앞선 1997년 세계 체스 챔피언이 체스특화 컴퓨터 〈딥블루(Deep Blue)〉에게 승리를 양보해야만 했던 그날도 있었죠. 기계가 절대 따라잡을 수 없을 거라고 자신하던 바둑도 체스에 이어 완패했습니다. 그동안 AI에게는 어떤 일이 있었을까요? 우리는 이 시점에 AI가 어떤 노력을 쉼 없이 해왔는지, 그래서 어디까지 발전해왔는지 알아야겠습니다. 그리고 우리의 주제인 미래식품에는 어떠한 혜택으로 녹아 들었는지 자못 궁금합니다. 앞선 자료들에서 AI 발전 부분만 강조해서 정리해보았습니다. IT(Information Technology) 발전사 중 AI의 태동에서 '예측형' AI로, 그리고 현재의 '생성형' AI 등장까지 AI의 발전과정을 순서대로 살펴봅니다(자료 6).

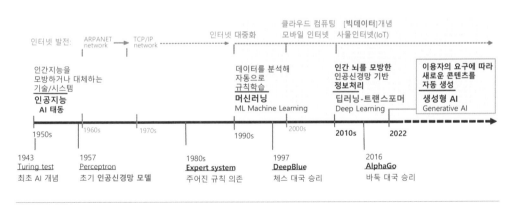

〈자료 6〉 AI 발전과정
출처: 필자 작성

인공지능 개념은 제2차 세계대전으로 거슬러 올라갑니다. 영국의 수학자 앨런 튜링Alan Turing이 독일군의 암호 애니그마(Enigma)

를 해독하는 과정에서 얻은 아이디어에서 출발합니다. 1943년 그는 '기계가 생각할 수 있을까?'라는 질문을 주제로 고찰하면서 계산기계(컴퓨터)가 뇌(Brain)를 모방할 수 있다고 확신합니다. 그리고 이를 증명하기 위한 방법으로 인공 신경망(Artificial Neural Network) 기법을 다룬 튜링 테스트(Turing Test)를 고안하게 되죠. 이는 현재 AI라는 개념을 최초로 제시한 연구로 꼽히고 있습니다. 1956년 이 개념을 세상에 알린 다트머스 대학 워크숍(Dartmouth Workshop)에서 기계가 인간처럼 학습하고 발전할 수 있는지에 대한 토론이 이루어지면서 인공지능이라는 용어가 처음 사용되었고요. 이어 인공 신경망 모델에 관한 연구도 활발히 진행되기 시작했으나 컴퓨터 성능, 논리 체계, 그리고 데이터 부족 등의 제한에 부딪치게 됩니다. 1980년대에 이르러 사람이 입력한 규칙을 기반으로 자동판정을 내리는 전문가 시스템(Expert System)이 등장했는데요, 사람이 설정한 규칙에만 의존해서 동작은 하되, 복잡한 현실세계를 이해하는 능력을 갖추지 못한다는 한계가 있었죠.

이렇게 인간의 명령으로만 작동하던 AI가 1990년대에 들어서 스스로 규칙을 찾아 학습하게 됩니다. 바로 ML이라 불리우는 머신러닝(Machine Learning, 기계학습) 알고리즘을 활용하면서부터인데요, 이것이 가능해진 이유가 중요합니다. 인터넷과 함께 디지털 기술이 등장했기 때문이죠. 웹에서 수집한 대량의 데이터를 활용할 수 있게 되면서 AI는 스스로 규칙을 학습하고 나아가 사람이 찾지 못하는 규칙까지 찾아낼 수 있게 됩니다. 2000년대 이후에는 스마트폰과 사물 인터넷(IoT, Internet of Things)이 발전하면서 빅데이터(Big Data)의 개념이 등장하고요. 따라서 현실 세계의 곳곳에서 셀 수 없이 많은 데이터가 실시간으로 수집됩니다. AI 발전에 있어 터닝 포인트인 것이죠. 이러한 빅데이터를 기반으로 현재 AI의 핵심 기술이 된 딥러닝(Deep Learning)이 더욱 정교하게 구축되면서 AI가 급속도로 성장합니다. 딥러닝은 인간의 두뇌에서 영감을 얻은 방식대로 데이터를 처리하도록 컴퓨터를 가르치는 방식입니다. 즉 딥러닝을 통해 인간의 지능이 필요한 작업을 자동화할 수 있습니다. 2016년, 딥러닝은 세상을 바꾸는 시도를 하죠. 전술한 대로 구글(Google)이 개발한 딥러닝 기반의 알파고가 4승 1패로 세계 챔피언 바둑기사를 꺾으며 승리한 사건입니다. 전 세계에 생중계된 이 사건을 통해 AI의 존재를 각인한 것입니다.

여기에 더해, 2022년 말 인류는 AI 기술로 거대한 변혁을 맞이합니다. 오픈AI(OpenAI)가 챗GPT(ChatGPT)를 출시했기 때문이죠. 챗GPT는 GPT(Generative Pre-trained Transtormer, 생성형 사전훈련 트랜스포머)기반의 LLM(Large Language Model, 대형 언어 모델)입니다. 챗GPT와의 대화는 마치 문자 메시지나 채팅방을 통해 누군가와 채팅하는 것 같죠. 챗GPT는 자연어를 이해하며 인간의 질문에 대해 인간과 유사한 응답을 생성하는 대화형으로 설계되었습니다. 이는 엄청난 양의 인터넷 데이터를 기반으로 훈련되었기에 주어진 입력의 맥락을 기반으로 응답을 생성합니다. 새로운 응답을 생성한다는 점에서, 주어진 데이터 기반으로만 예측하던 기존 예측형 AI와 구별되죠. 사용자의 요구에 따라 LLM이나 다양한 이미지 생성 모형을 활용해 결과물을 생성하는 것이 특징이고요. 인간의 고유영역으로만 여겨지던 창작의 영역까지 침투해서 다양한 포맷의 수준 높은 콘텐츠를 생성하는, **생성형 AI시** 대가 열린 것입니다.

이제 기계는 단순히 생각하고 고민하는 정도가 아니라 미리 훈련된 대량 학습 정보에 따라 결과물을 '스스로' 창조하고 '스스로' 결정하는 수준에 있습니다. 사람 없이 스스로 운행하는 자율주행 (무인) 자동차가 하나의 쉬운 예입니다. AI는 '2000년대의 구글 검색', '2010년대의 모바일, SNS'처럼 사회 전반에 새로운 변화와 기회를 제공하는 구심점으로 기능하고 있죠. 딥러닝 혁명이 시작된 지 10여 년 동안 인공 신경망과 그 패턴 인식 능력은 우리의 일상생활 구석구석을 점령했고요. 지메일(Gmail)이 문장을 자동으로 완성하고, 은행이 사기를 감지하며, 사진 앱이 자동으로 얼굴을 인식하도록 돕고, 사람이 쓴 것 같은 긴 에세이를 작성하며, 텍스트를 요약하기도 합니다.

한편 AI는 식품분야에서의 활약도 두드러집니다. 〈자료 8〉과 함께 살펴보겠습니다. 단백질 관련 사례부터 보죠. 단백질은 미래식품에서 가장 주목되는 영양소이니까요. 먼저 2021년 등장한 구글의 AI, **알파폴드(AlphaFold)**를 소개합니다. 알파폴드는 인체의 거의 모든 단백질에 대한 3D 구조를 예측합니다. 실제로 단백질은 신체의 모든 화학반응을 촉진하고, 유전자 발현과 면역 체계를 조절하며, 모든 세포의 주요 구조요소를 구성하고, 근육의 주요 구성요소를 형성하는 만큼 생명의 필수 구성요소임은 우리 모두가 알고 있는 사실입니다. 단백질은 이러한 생물학적 기능에 중요한 3D 구조를 형성하기 위해 자발적으로 '접히는' 아미노산

사슬이죠. 그런데 평면으로 보면 구성요소와 순서는 볼 수 있지만 어떤 3D 모양으로 '접혀 있는지' 알지 못합니다. 그래서 그들이 어떤 역할을 할지 또는 다른 분자와 어떻게 상호작용할지 예측할 수 없었습니다. 이에 등장한 것이 바로, 단백질이 어떻게 '접힐지' 예측하는 AI 알파폴드입니다. 명칭이 폴드(fold)라고 불리우는 이유인 거죠.

이후 인간이 조작하는 다양한 실험 기술이 단백질 구조를 결정하는 데 사용되었습니다. 하지만 많은 시간과 비용이 소요되었죠. 정확한 결과를 얻기도 어려웠고요. 모든 생명체에 걸쳐 알려진 단백질이 2억 개가 넘지만, 지금까지 확인된 단백질 구조가 170,000개에 불과하다는 점을 고려하면 연구의 프로세스 속도를 높이기 위해 AI를 채택하는 것은 합리적인 수순입니다. 알파폴드 최신 버전(AlphaFold3)은 단순히 단백질의 구조와 상호작용을 예측하는 것 이상으로 발전했는데요, 신체의 특정 단백질이 특정 약물 분자와 어떻게 상호작용하는지 시뮬레이션하는 데 있어 전례 없는 자원입니다. 신약과 치료법 개발 이외에도 모든 종류의 최첨단 과학을 가능하게 하는 획기적인 혁신으로 평가받고 있습니다.

한편, 오늘날 판매되는 모든 식품의 약 15%가 가짜라면 어떤 생각이 드나요? 식품 전문가들의 추정인데요, 제품 라벨에서 잘못된 중량 표시, 유통기한이 경과된 식품에 라벨 재부착, 거짓 유기농 표기 등의 경우가 여기에 해당됩니다. 이에 대응하기 위해 가짜표기 추적 솔루션이 등장했습니다. 블록체인(Blockchain) 기술이 식품산업에서 최초로 상업용으로 활용되기 시작했는데요,

블록체인 기술을 사용하면 식음료 산업의 모든 제품을 원료생산 현장에서 주방까지 전체 수명 주기 동안 투명하게 추적할 수 있죠. 예컨대 블록체인 기술이 적용된 제품 라벨 QR코드에는 원산지나 제품 등록 지역 등의 정보가 내장되어 있어 유통업자는 물론, 소비자도 쉽게 그 내용을 열람할 수 있습니다(자료 7). 금융분야의 비트코인도 아닌 식품분야의 블록체인이라 하니 적용방법이 궁금하시죠? 블록체인은 클라우드 기반의 분산형 분산 원장 또는 정보 기록 시스템입니다. 모든 네트워크 거래 기록은 안전한 블록에 저장하죠. 저장의 분산 특성으로 인해 정부나 각 브랜드가 거래 데이터를 완전히 통제하는 중앙 집중식 시스템과 달리 단일 개체가 소유하거나 통제하지 않고요. 이를 통해 다양한 거래 상대방이 언제든지 정보를 업로드할 수 있으며, 블록체인은 모든 사본을 저장합니다. 블록체인으로 구동되는 추적 솔루션이 필요한 투명성을 제공하므로 공급망을 성공적으로 관리해서 가짜를 추방할 수 있습니다.

〈자료 7〉 블록체인 라벨 부착 과정
출처: ALC label

이번에는 프린터로 음식을 만들어 볼까요? 일명 3D 프린팅 푸드 기법입니다. 우리가 일반적으로 문서나 사진을 출력하는 프린터가 2D 프린트(가로×세로)입니다. 평면으로 프린트하죠. 이에 비해 3D 프린트(가로×세로×높이)는 입체적으로 출력하는 것으로, 높이를 더하는 적층 조형 프린팅입니다. 식품가공에는 일반적으로 2가지 방식이 쓰이는데요, 우선 압출 적층 조형(Fused Deposition Modeling)입니다. 압출기가 노즐을 통해 식재료인 원료를 밀어내어, 얇게 그리고 층층이 쌓아 올리는 방식입니다. 다른 하나는 선택적 레이저 소결 조형(Selective Laser Sintering)입니다. 고운 가루형태의 원료를 얇게 뿌린 다음, 형상을 만들 지점을 레이저로 소결시키는 방식입니다. 즉 레이저가 닿는 부분에 열이 가해지고 그 가루가 점차 구워지면서 결합되는 것이죠. 실례로 2023년 10월에 이 놀라운 기술을 사용해서 개발된 연어 대체어(漁)가 마켓에 출시되었습니다.

2000년대에 들어와 웹(Web, World Wide Web, WWW, W3)의 출시와 함께 인터넷이 대중화되면서 모바일 인터넷, 사물 인터넷(IoT), 클라우드 컴퓨팅이 빠른 속도로 전파되었습니다. 이에 수집되는 데이터 양이 기하급수적으로 늘어나면서 빅데이터(Big Data)의 개념이 등장했고요. 빅데이터는 정형 및 비정형 데이터 모두를 포함하며, 일상적으로 비즈니스에 영향을 미치는, 관리가 어려운 대용량 데이터를 일컫습니다. 중요한 것은 데이터의 종류나 양이 아니라 조직이 이러한 데이터를 이용해서 수행하는 기술, 즉 디지털 기술 작업을 한다는 것인데요, 첨단 정보 통신 기술을 사용해서 물리적 정보를 수집, 저장, 분석, 공유하고 시장에 출시하는 것을 의미하죠. 이제 아날로그는 감성의 세계에만 남은 듯, 세상은 **디지털 전환**이 급작스러웠습니다. DX, DT(Digital Transformation)이라는 유행어가 급속히 퍼지면서 모든 산업 분야를 긴장시켰죠. 그 덕에 우리는 비약적인 기술의 발전과 그 결과물을 접하고 있고요. 2011년 출시된 스타벅스 카드 모바일 앱이 가장 가깝게 소비자가 체험할 수 있었던 성공적인 사례입니다.

전술한 **유전자편집기술**도 이 시기에 등장했으며, 미래식품으로 각광받고 있는 **대체 단백질 식품개발**에도 테크가 한층 입혀지고 있습니다. 1983년에 처음으로 로봇 직원(Tanbo R-1)이 미국식당에서 손님을 맞이한 이래, 식품산업의 자동화 관점에서 **로봇공학(Robotics)**도 한창 진행 중이죠. 이제 디지털 기술의 정점을 찍고 있는 **AI**는 농업에서 시작해서 식탁에 이르는 식품산업 전 공정 분야(농업-신제품 창출-식품제조-식품포장-조리-음식 배달-공급망 관리-요리가전-소비자 건강 맞춤)에 개입하고 있습니다.

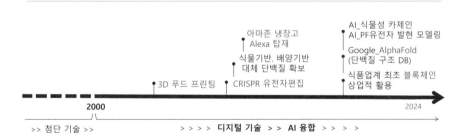

〈자료 8〉 푸드테크 진화 타임라인_디지털 시대(2000년대 이후)
출처: 필자 작성

5

푸드테크 산업과 AI

북극의 얼음은 어디로 갔지? 냉장고로

"식품학 역사에서 가장 중요한 발명은 냉장기술."

위의 이야기는 영국 왕립학회(The Royal Society)가 밝힌 내용입니다. 냉장기술이 현대사회의 식량공급, 식량안보, 식품안전에 필수라는 이유에서였죠. 1660년 창립된 이 학회는 아이작 뉴턴 Isaac Newton, 알버트 아인슈타인 Albert Einstein 등 저명 과학자들이 회원으로 활동했습니다. 지금까지 여기서 배출한 노벨상 수상자만 280여 명이고요. 왜 이런 결정을 했는지, 이들의 이야기에 귀 기울여 봄 직합니다. 지난 100년간 냉장기술 발달과 이에 따른 콜드체인(Cold Chain, 저온 유통 체계)은 인류의 유구한 음식 저장법과 1년에 걸친 농작물의 수확 과정을, 수퍼마켓에서 매일 혹은 매주 음식을 사면서 저장하는 방식으로 대체했습니다. 이제는 공기처럼 우리 삶의 필수요소가 된 가정용 냉장고는 각종 냉장기술 발달 100년의 역사와 콜드체인의 최종 종착점인 셈입니다. 냉장고는 이제 누구도 필요성에 의문을 제기하지 않는 가전설비이며, 음식을 신선하게 보존하고 건강을 유지하는 데 꼭 필요한 생필품입니다.

그런데, 여러분은 여러분 가정의 냉장고와 냉동고 안에 저장된 음식을 모두 기억하나요? 매일 하루에도 수십 번 열어볼 텐데요, 자신 있게 다 안다고 이야기하기 어렵습니다. 어찌 보면 냉장고에 대한 믿음이 대단하기 때문이죠. 식품을 한번 넣어 놓으면 끊임없이 신선하게 보존된다고 착각하게 되는 듯합니다. 김치 냉장고를 포함해 최소한 2개 이상의 냉장고를 보유하고도 저장하기에 모자라다고 말하는 사람들을 어렵지 않게 마주하곤 합니다. 얼마 전 한 조사에 의하면, 일반적으로 우리나라 가정에서 냉장고에 저장되어 있는 음식물만 있어도 한 달은 버틸 수 있다고까지 했습니다. 오죽하면 '냉파(냉장고 파먹기)' 혹은 '냉털(냉장고 털기)'이라는 용어가 등장했을까요.

그런데 왜 냉장고의 과잉저장이 문제가 될까요? 냉장고 안 깊숙한 곳의 몇 달 혹은 1년도 넘게 저장되어 있던 식재료를 버려본 경험은 누구든 있습니다. 전 세계 식량생산에서 버려지는 양(32%) 중, 집 혹은 식당에서 차지하는 비율이 11%라는 통계가 입증합니다. 적정량보다 과잉저장되면 추가로 전기요금도 더 많이 발생합니다. 더 무서운 점은 위생 문제인데요, 화장실보다도 냉장고에 식중독의 원인균이 많다는 뉴스는 여러 번 접해 보셨을 겁니다. 집 밖으로 나와 볼까요? 냉장고의 냉매 프레온 가스는 오존층 파괴로 유명해진 지 오래입니다. '기술발전 이면의 기후위기'라는 다음 챕터를 냉장고 하나를 빌어와 우선 한 문장으로 축약해봅니다. '먹거리 산업의 거대화에 끌려, 북극의 빙하가 냉장고의 편리함과 맞바꿔져 녹아내리고 있습니다.'

스마트해진 인류는 기술을, 테크를, 인간의 욕구나 욕망에 적합하도록 주어진 대상을 변화시키는 모든 인간적 행위로 재정의 할 수 있습니다. 무엇인가를 만들어내거나 어떤 일을 정확하고 능률적으로 처리하는 수단으로서 과학 지식을 토대로 자연의 사물을 바꾸고 가공해서 인간생활에 이용하고자 하는 것이죠. 이에 반해, 인류역사와 같은 궤도상에서의 기술발전은 거꾸로 우리 삶의 모든 측면에 지대한 영향을 미치고 있으며 우리의 음식에도 다르지 않습니다. 이제 우리가 소비하는 거의 모든 음식은 기술의 영향을 받습니다. 작물 재배부터 재료 가공, 맛있는 식사 준비에 이르기까지 식품산업에 입혀진 기술은, 이제 푸드테크의 정의를 새롭게 합니다. 푸드테크는 식품산업에 유전자 편집을 포함하는 생명공학, AI, IoT, 3D프린팅, 로봇과 같은 혁신기술이 접목된 신산업분야를 의미하죠(자료 9). 전 세계에 건강하고 안전한 식량공급이라는 과중한 숙제와 맞물려 푸드테크를 산업의 카테고리로 남기고자 합니다. 푸드테크는 어떤 방식으로든 지구상의 거의 모든 사람에게 영향을 미치는 대규모 산업으로 자리매김할 것입니다. 아울러 인류의 지식문명이 기술문명으로 녹아내린 빙하를 다시 얼려야 하는 숙제는 따로 남아 있고요.

이제 이 책에서는, 미래식품이 주제인 만큼 아래 푸드테크 산업 가치사슬에서 〈식품가공〉을 다루는 〈식품과학〉단계에 초점을 맞춰 주된 논의를 할 것입니다.

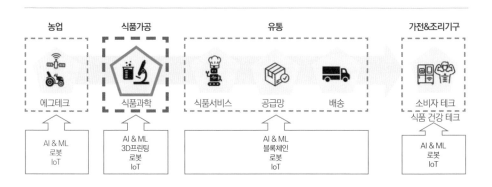

〈자료 9〉 푸드테크 산업과 혁신기술융합
출처: 필자 작성

2장 대체식품의 등장배경

인류는 역사상 두 번의 식량위기를 맞이합니다.
두 번 모두 급속한 인구증가에 따른 현상이었습니다.
우리 인류는 이 문제를 어떻게 극복하고 있는지,
그리고 이로 인해 어떤 부작용이 있는지 검토해봅니다.

대체식품 등장의 또 다른 이유는,
환경, 건강, 윤리에 기반한 소비가치의 변용에 있습니다.
이러한 새로운 사회현상도 알아봅니다.

1
대체식품이란 무엇인가

지구에 기후변화가 찾아왔습니다. 인간이 그 변화를 느낄 즈음은 이미 기후위기의 징후가 보였고요. 자명한 예로 인도네시아 수도 자카르타가 자바섬을 버리고 보루네오섬으로 도시이전을 계획하고 실행에 옮기기 시작했습니다. 자카르타가 세계에서 가장 빠르게 가라앉고 있는 도시 중 하나이기 때문입니다. 현재 속도라면 2050년에는 도시의 약 3분의 1이 물에 잠길 것으로 추정하고 있고요. 지하수 추출을 통제 없이 지속시킨 것이 주된 원인인데요, 기후온난화로 인한 해수면 상승이 자카르타 침수를 가속하고 있죠. 2003년 유럽의 장기 폭염으로 7만 명이 사망한 대재앙이라든가, 서울면적의 27배를 태운 미국 캘리포니아의 기록적인 산불, 새들이 탈수증세로 땅에 떨어진 인도의 살인 폭염은 기후위기의 몇 가지 예에 불과합니다. 국내에서도 경험한 여러 사례 중, '사과하면 대구다'라는 말이 사라진 지 이미 오래입니다. 1990년대에 이르러 대구이남은 재배 적정 온도보다 높아져서 현재는 경상북도 북쪽이 사과 주 재배지가 되었죠. 기후위기에 어느 나라도 예외는 없습니다. 상황이 이렇다 보니 유엔 이하 각국 정부와 모든 산업에서 그야말로 난리가 났습니다.

도대체 지구 온난화는 왜 발생한 것일까요? 인위적으로 과도하게 배출된 온실가스 때문이랍니다. 그렇다면 주요한 온실가스인 이산화탄소와 메탄은 누가 배출하는 것일까요? 여기에서 애꿎은 소가 주범으로 몰렸습니다. 소의 트림과 방귀가 지구를 뜨겁게 한다는 것이었죠. 이에 글로벌 식품업계에 스타트업이 등장합니다. "그래? 그렇다면 소를 비롯한 가축산업을 없애자, 그리고 우리가 그에 상응하는 대체 고기(Substitute meat)를 개발할게! 우리는 첨단 기술로 무장했어." 이러한 자신감을 근거로 본격적으로 기술 기반의 대체육이 개발되기 시작합니다. 스타트업뿐 아니라 기후변화 해결에 동참하고자 투자자, 식품기업, 유통업체, 관계기관의 참여가 급속해지면서, 대체육 시장이 뜨거워집니다. 그럼에도, 너(축산업)는 죽고 나(대체육업체)만 살자는 식의 일방적 시장 구조는 형성되지 않았죠. 용어도 순화되어갑니다. Substitute라는 단어는 점차 사라지고, Alternative meat로 변경되었습니다. 국내에서는 이 개념에 상응하는 단어로 비건, 식물성 고기, 대안육, 대체육, 가짜 고기, 인조 고기 등이 혼재되어 사용됩니다. 2023년 초에 제가 출간한 《비건을 경영하다》는 계획(대안 代案)의 의미보다는 실천의지를 담은 행위에 초점을 두어 대용(代用)육이라는 단어를 선보였고요.

여기서 Substitute와 Alternative의 개념을 간략히 살펴보겠습니다. 서구에서 먼저 시작된 분야인 만큼 용어 해석의 차이, 그리고 단어의 혼재에서 오는 개념의 오류를 피하기 위해서입니다. 우선 Substitute라는 단어는 이렇게 이해합니다. 운동경기에서 교체선수를 Substitute Player라고 하죠. 코트에서 뛰던 선수는 벤치로 들어가고, 새로운 다른 선수가 코트로 들어가 경기에 임합니다. 두 선수가 한 게임에서 공존할 수 없습니다. Alternative는 쉬운 예가 있습니다. 대안학교 아시죠? 공교육의 확정된 커리큘럼 대신 자유로운 교육과정으로 학습을 유도하는 학교로, 공교육과 병존합니다. 영국에서 시작될 당시 Alternative school로 불리었고, 한국에 도입 당시 대안학교로 해석해서 불리우고 있습니다. 두 단어를 비교해보았는데요, 국내에서는 초기에 쓰였던 '대체육'이라는 단어에 힘을 실은 듯합니다. 2023년 초에 식약처(식품의약품안전처)가 공고를 통해 〈대체식품〉을 공식명칭으로 확정했습니다. 글로벌에서 정착된 단어 Alternative Protein Foods를 국내에서는 대체식품으로 명명합니다. 추가적으로 영문 대체식품의 본질적인 개념의 이해를 더해보겠습니다. Alternative는 단백질 식품을 생산하는 기존의 산업들과 상생하겠다는 시장의 뜻을 반영한 것이며, 중간의 단어 Protein은 동물성 식품에서 얻고자 하는 주요한 영양소가 단백질이기에 붙여진 것입니다. Foods는 초기 시장이 단백질 식품 중 육류(Meat)를 대체하고자 시작된 반면 점차 계란, 우유 및 유제품 등 동물성 단백질 식품 모두를 포괄하고 있기에, 확장된 개념인 Foods로 변경된 것이죠.

그렇다면 가축산업을 없애버리려던 의지로 촉발된 대체식품은 어떻게 만든 것일까요? 바로 푸드테크라는 단어가 등장한 배경입니다. 동물성 식품섭취를 완전히 배제하는 비건을 포함한 베지테리언에게 조금 더 다양한 입맛을 제공하고자 만들어진 콩고기에, '테크'를 활용해 기술기반 단백질 식품을 만든 것이 한 예입니다. 구체적인 내용은 2부에서 설명 드리고, 여기서는 대체식품의 정의만 내려보겠습니다. 글로벌 시장에서 가장 일반적으로 사용되는 정의는 다음과 같습니다.

"대체식품은 식물이나 동물세포에서 생산되거나 발효를 통해 생산되는 단백질 식품입니다. 이러한 혁신적인 식품은 기존 동물성 식품과 동일하거나 더 나은 맛을 내면서도 가격은 동일하거나 더 저렴하도록 설계되었습니다. 기존 방식으로 생산된 단백질에 비해 대체 단백질은 토지, 물 등 투입량이 더 적고 온실가스 배출 및 오염과 같은 부정적 외부효과도 훨씬 적습니다. 수많은 식물기반 및 발효 유래 옵션을 포함해 이러한 제품 중 일부는 오늘날 소비자에게 제공됩니다. 재배육(동물세포기반 배양육)과 같은 다른 것들은 현재 개발 단계에 있습니다."

이렇게 개념을 이해하고 대체식품의 등장배경을 자세히 살펴보러 가겠습니다. 저는 대체식품의 등장배경을 '인구증가와 식량위기'라는 주제로 접근합니다. 인류생존은 음식섭취에 의존하고, 그 터전은 지구라는 전제입니다.

2

대체식품의 등장배경

1) 인구증가와 식량위기

〈자료 10〉 인구증가와 식량위기
출처: 필자 작성

인류역사의 스펙트럼을 펼쳐보면 인구증가 속도는 매우 느린 편이었습니다. 기원후 1000년에 이르러 1억 9,000만 명까지 늘었으나, 수많은 전쟁, 그리고 1300년대에 발생한 전염병 페스트가 세계적으로 유행하면서 세계인구는 다시 한번 감소합니다. 하지만 산업혁명을 계기로 인구가 다시 폭발적으로 증가하죠. 1800년대 초에 약 10억 명으로 늘어나고, 1927년 항생제가 발명되어 1945년에 상용화 되면서 급기야 인구는 1959년에 30억 명에 이릅니다. 1800년대 초반 10억 명이던 세계인구가 20억 명(1927년)으로 늘어나는 데는 120년 이상 걸렸지만, 1970년대 이후로는 12~13년마다 10억 명씩 늘었습니다. 20세기에 들어서면서 과학기술발전과 보건의료 기술혁신에 힘입은 덕이죠. 2022년 11월 14일, 세계인구는 80억 명에 도달합니다. 70억 명에서 80억 명으로 늘어나는 데 걸린 시간은 11년인데요, 10억 명 단위로 따져보았을 때 역대 가장 빠른 속도로 불어난 셈입니다. 유엔(UN United Nations)은 예상합니다, 2050년이면 세계인구는 97억 명이라고요.

문제는 폭발적인 인구증가가 인류에 위협이 될 수 있다는 점입니다. 가장 급격한 인구증가가 있었던 1960년과 2000년에, 실질적으로 인류는 식량위기에 직면했습니다. 최근에 일부 학계가 인구감소 전망을 내놓고 있습니다만, 설령 인구가 감소한다고 해도 식량의 공급 측면에서는 마찬가지입니다. 왜냐하면 늘어나는 인구가 아시아와 아프리카에 편중되어 있기 때문이죠. 개발도상국으로 도약하려는 이 지역에서의 식량, 특히 단백질 수요가 급격히 증가할 것이기에 여전히 식량위기 문제는 벗어날 수 없습니다.

이 문제를 좀 더 깊숙이 들여다보기 위해, 1960년 1차 식량위기, 그리고 2000년 2차 식량위기로 나누어 각 시점의 양상을 살펴보겠습니다.

(1) 1960년, 인구증가 그리고 1차 식량위기 vs. 생존

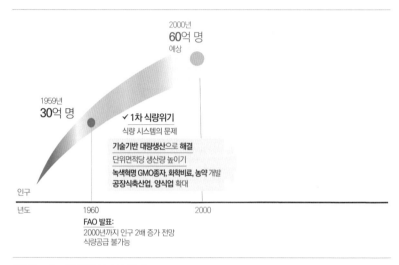

〈자료 11〉1차 식량위기의 해결
출처: 필자 작성

위에서 살펴본 대로 1959년에 세계인구가 30억 명에 이릅니다. 이듬해인 1960년에 FAO(Food Agriculture Organization 유엔식량농업기구)가 살벌한 발표를 합니다. 앞으로 40년 뒤인 2000년까지 세계인구가 2배로 증가할 전망인데, 현재 식량공급 체계로는 지금의 인구증가 속도를 못 쫓아간다는 것이었죠. 이때가 바로 인류 역사에서 1차 식량위기를 맞는 시기입니다.

하지만 우리는 다행스럽게도 농축산업 기술자들 덕분에 위기를 해결할 실마리를 찾습니다. 전술한 GMO종자 개발도 이때 등장합니다. 화학비료와 농약으로 쓰인 살충제도 개발되어 빠르게 보급되었죠. 국내에서는 녹색혁명(Green Revolution)의 일환으로 통일벼가 보급되었고요. 기억하시죠? 우리나라가 지금이야 건강상 이점을 취하고자 일부러 잡곡밥을 섭취하지만, 당시는 흰쌀 부족으로 정부차원에서 보리, 콩 등의 혼식이 장려되었죠. 각급 학교 점심시간마다 선생님께서 도시락을 검사하시던 절대 빈곤 시절입니다. 녹색혁명은 1944년 미국의 지원을 받아 멕시코에서 밀 생산량이 획기적으로 증가한 것이 그 시초입니다. 1960년대 이후 미국을 중심으로 곡물의 품종개량 관련 연구가 활발히 진행되고, 식량부족에 직면한 개발도상국들이 적극적으로 이 기술을 도입하면서 세계적으로 농업 생산량을 획기적으로 증가시켰죠. 한국의 통일벼 연구도 같은 맥락입니다. 이렇게 지구상의 농업 생산성이 급격하게 개선됩니다. 상대적으로 축산업 현장에서는 소들이 집을 뺏겼습니다. 저 푸른 드넓은 초원 위의 집으로부터 몸 하나 들어갈 정도의 공장식 우리(cage) 안으로 내몰렸죠. 어업에서도 마찬가지였고요. 즉 공장식 축산업의 구축, 그리고 양식업의 확장 등으로 단위면적당 생산량을 증가시켰습니다. 결국 인간의 '기술기반 대량생산'으로 첫 번째 식량위기를 모면했고, 인류는 생존했습니다.

(2) 2000년, 인구증가 그리고 2차 식량위기 vs. 편리

1999년, 세계인구는 FAO의 예측대로 1959년 30억 인구 대비 2배 증가한 60억 명에 이릅니다. 이듬해인 2000년에 FAO의 발표가 뒤따르죠. 2050년이면 97억 명(수정 인구수: 2000년 당시 100억 명 예상)의 인구를 예상하고 식량수요는 2배 수준으로 전망하는데, 특히 육류 소비량은 73% 증가할 것으로 예측한다는 것입니다. 이 중 개발도상국은 선진국 육류 수요의 4배 이상을 요구하고요. 이러한 수요를 충족하려면 현재 전 지구상 경작지의 70%가 축산으로 전환할 필요가 있다는 업계의 예상도 첨가되었습니다. 인류 역사에 있어 두 번째 식량위기를 맞이하는 순간입니다.

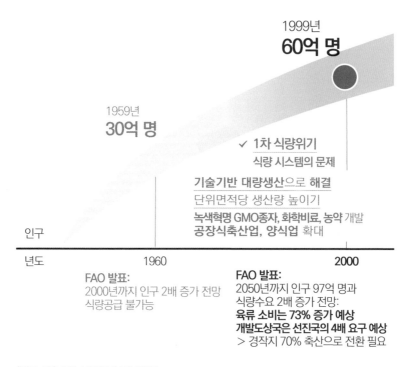

1999년
60억 명

1959년
30억 명

✓ **1차 식량위기**
식량 시스템의 문제

기술기반 대량생산으로 해결
단위면적당 생산량 높이기
녹색혁명 GMO종자, 화학비료, 농약 개발
공장식축산업, 양식업 확대

인구

년도   1960   2000

FAO 발표:
2000년까지 인구 2배 증가 전망
식량공급 불가능

FAO 발표:
2050년까지 인구 97억 명과
식량수요 2배 증가 전망:
육류 소비는 73% 증가 예상
개발도상국은 선진국의 4배 요구 예상
> 경작지 70% 축산으로 전환 필요

〈자료 12〉 2차 식량위기 극복방안
출처: 필자 작성

그런데 다시 식량위기에 직면하고 보니, 40여 년 전 1차 위기 때와는 사뭇 양상이 다르네요. 앞서 개발도상국이 선진국 수요 대비 4배의 육류 소비를 할 것으로 예상하는 것처럼, 글로벌 식량수급이 불균형에 처해 있었습니다. 육류는커녕 기본적인 식량도 부족한 지역에서는 기아에 허덕이는 반면, 유럽이나 미국 같은 선진국에서는 베지테리언들이 늘어났죠. 소득이 점점 늘어나면서 개인

들이 건강에 신경 쓸 여유가 생긴 것뿐만 아니라 동물의 생존권과 환경에 대한 관심도 커진 것입니다. 이러한 사람들이 많아지면서 문제가 생겼습니다. 선진국에서는 공장식 축산업의 발전으로 공급이 충분해지고 가격도 저렴해진 고기를 못 먹는 일은 없어졌지만, 공장식 축산업이 동물권과 환경권이라는 가치와 크게 충돌하게 된 것이죠. 비윤리적인 공장식 축산과 그 과정에서 나오는 온실가스가 인류와 지구의 건강을 해친다는 목소리가 커진 것입니다.

이 와중에 2019년 말 코로나바이러스(Coronavirus, COVID-19)가 발생합니다. 코로나바이러스 발생 원인이 동물과의 관련성인지는 아직 밝혀지지 않았습니다만, 그러나 인류는 코로나를 계기로 가축으로 인한 바이러스 감염에 대한 광범위한 관심을 갖게 되죠. 가축 생산 과정에서 증가하는 이러한 위험에 대한 인지는 동물성 단백질에서 대체식품으로의 전환을 촉발시켰습니다. 2021년에 발간된 빌 게이츠$^{Bill\ Gates}$씨의 책《기후변화를 피하는 법(How to avoid climate change)》은 대체식품 전환으로의 또 하나의 이정표가 되었습니다. 기후변화에 대한 막연한 공포를 잠재우고 대신에 우리가 기후위기를 제대로 인식할 수 있는 사실적 정보를 잘 정리한 첫 번째 책이기 때문이죠.

인류진화와 함께 걸어온 과학기술은 점점 발전해갑니다. 단적인 예로 라스베이거스 CES에서 있었던 일을 소개합니다. CES(Consumer Electronics Show)는 국제 전자제품 박람회입니다. TV, 전화, 자동차 및 기타 신기술 장치 등 소비자 전자산업의 신제품과 첨단 기술에 대한 프레젠테이션을 주최하는 자리죠. 테슬라 전기자동차, 삼성 폴더폰, 애플 아이폰, AI 등 이 모든 제품들은 여기서 선보인 것입니다. 그런데 CES 2019에 어울리지 않는 한 업체가 관람객을 맞이했습니다. 임파서블 푸드(미국, 2011)라는 햄버거 회사였죠. 기술 전시회에 먹거리가 등장하네요. 임파서블 푸드는 실리콘 밸리에서 탄생한 식물기반 대체육 스타트업입니다. 과학기술을 바탕으로 실험실에서 대두(大豆)를 원료로 고기의 맛과 식감을 구현해 식물성 햄버거 패티를 만들었습니다. 당시 CES에서 이 패티가 들어간 햄버거로 시식 행사를 벌인 것이죠. 2019년 CES에서 이 햄버거를 제공한 이래, 기술이 접목된 음식에는 푸드테크라는 단어가 따라다니기 시작했습니다. 식품산업도 테크산업으로 불리우며 곧 유행어로 자리 잡았고요. 그 후 우리 삶의 가장 밀접한 식생활을 기술로 혁신하려는 시도가 모두 푸드테크라고 불렸죠. 해가 거듭되면서 기술과 건강 및 식품의 융합에 대한 관심이 높아지면서 CES 2022년에 급기야 푸드테크라는 범주가 CES 공식 세션으로 인정되기에 이릅니다. CES 2023년에는 에그테크(AgTech) 등장했습니다. 에그테크는 농업(Agriculture)과 기술(Technology)의 합성어로 농업에 IoT(사물인터넷), 빅데이터, AI 등 첨단 기술을 접목해 생산성과 농작물의 질을 높이는 산업을 뜻하죠. 재배나 수확 같은 농업 생산활동 외에도 가공부터 유통에 이르는 전 과정을 포함하는 개념인데요, 인력난으로 인한 농가의 어려움을 해결하고 높은 생산성으로 식량위기를 극복할 수 있는 신(新) 농업기술로 크게 주목받고 있습니다. 흔히 듣고 있는 농업환경 데이터 인공위성, 완전자율주행 트랙터, 수직농장, 스마트팜, 수확 로봇, 드론 비료살포 등이 그 예입니다.

아울러 기술발전이 낳은 인터넷 혁명은 SNS(Social Network Service) 세대라 불리우는 젊은이들을 이 세상의 주요한 목소리이자 소비층으로 부각시켰습니다. 밀레니얼 세대(1984년~1996년생)와 Z세대(1997년~2009년생)를 일컫는 MZ세대가 이들이죠. 이들에게서 시작한 스마트한 소비는 식품소비로도, 그리고 전 세대로 확장됩니다. 전 세계적으로 소비가치를 변용시킨 이들의 파급효과가 지대한 만큼 다음 챕터에서 조금 더 자세하게 살펴보겠습니다.

이렇게 공장식 축산업의 비효율적인 생산과 과다한 육류 소비에 대한 반향으로 세계 최고의 과학자들은 대체식품을 2차 식량위기의 해결책으로 인식했습니다. 대체식품은 첨단 기술 푸드테크라는 미명 아래, 환경, 영양, 맛까지 책임지는 지속 가능한 미래식량의 기대로 급부상합니다. 유엔의 기후위기 보고서도 식품업에서의 기후위기 해결책으로 대체식품을 제안했고요.

이 시점에 상상도 못했던 갑작스러운 러-우크라이나전쟁이 발발하고, 전쟁 당사자들은 생존문제인 식량자원을 무기화 하는 경지에 이릅니다. 뜻하지 않은 전쟁이 글로벌 식량 공급망의 취약성을 드러낸 계기가 되었을 뿐 아니라 전 세계에 식량 수급 중단이라는 혼란을 야기시키고 말았습니다. 러시아와 우크라이나가 전 세계 밀 교역량의 25% 이상, 해바라기유 수출량의 60% 이상, 보리 수출량의 30% 이상을 각각 차지해온 것이 큰 이유가 되었죠(FAO). 더구나 인간의 식단이 주로 4가지 곡물인 쌀, 밀, 옥수수, 콩에 의존하고 식량생산은 지리적으로 집중되어 있는데요, 즉, 식량의 60%가 단 5개국(미국, 아르헨티나, 브라질, 중국, 인도)에서 생산됩니다. 따라서 국가별 곡물 수입에 대한 의존도 증가 및 곡물 저장 제한은 더 큰 식량 수급의 불균형 여지로 남아 있습니다. 예를 들어, 한국 식량자급율은 45.8% 수준입니다. 이 수치가 높아 보이나요? 사료용 포함입니다. 곡물 자급율로 좁혀보면, 밀은 0.8%, 옥수수는 3.6% 등 대부분의 작물은 한 자릿수 대의 저조한 자급률입니다(농림축산식품부 2021). 국내의 식량수급이 외부환경 변화에 얼마나 취약한 구조인지 잘 알 수 있습니다. 상기 5대 식량대국 외의 국가들도 상황이 크게 다르지 않죠. 여기에 더해 해당 지역에 극심한 기상 현상이 발생한다면 전 세계 식량생산량의 상당 부분에 영향이 뒤따를 것입니다. 더더욱 무거운 책임감으로 대체식품업계에 대한 기대가 촉발되었습니다.

겨우 몇 페이지를 통해 2000여 년 동안의 인류역사와 인구증가에 따른 식량문제를 열어 보았습니다. 여기서 잠깐 숨을 골라보죠. 지난 60여 년 동안 해왔던 것처럼 과학기술을 통한 새로운 방식의 식량공급은 앞으로도 가능 할까요? 테크로 불리는 더 발전된 기술로, 지금의 식량난 위기를 모면할 수 있을까요? 최근에는 AI도 가세했습니다. 테크에 대한 기대는 크지만, 예기치 않은 부작용으로 더 큰 위험을 낳지는 않을지, 우리 모두 시장의 참여자로서 조심스럽게 지켜봐야 하겠습니다.

2) 소비가치의 변용

가치소비란 광고나 브랜드 이미지에 휘둘리지 않고, 스스로 가치를 판단해 제품을 구매하는 소비방식을 말합니다. MZ세대를 중심으로 빠르게 확산되고 있는 소비트렌드죠. 가성비를 중시하는 이들은 주로 실용적인 저가 상품을 선호하고, 이미지나 품질을 중시하는 이들은 고급 브랜드를 선호하는 현상인데요, 요즘에는 이 소비가 이념화 되는 경향이 있습니다. 단순히 구매하는 상품에만 가치를 두는 것이 아니라, 상품을 둘러싼 환경으로 판단기준이 확대되었다는 것이죠. 제가 굳이 표현한다면 '스마트' 소비라 할 수 있는데요, 일례로 친환경을 중요한 가치로 생각하는 이들에게는 비거니즘이 인기를 끌기도 하고 동물착취에 반대하는 신념도 강해졌습니다. 소비가치가 이처럼 변용하면서 이에 따른 FAO의 발표도 있었습니다. 수십년 만에 처음으로 고기섭취가 감소할 것이라는 추정인데요, 대체식품에 대한 이들의 긍정적인 신념이 세계적인 유행이 될 것이라는 가정이죠. 대체식품에 대한 관련 조사도 같은 답을 내놓고 있습니다. 그들은 환경보존-동물복지-건강한 식습관-식량난 해결순으로 대체식품을 찬성합니다. 전 연령대에 걸친 조사 결과에서 건강상 이유가 첫 번째인 것과 달리 MZ은 환경보존을 중시한다는 것이죠.

　스마트 소비를 지향하는 이들의 미닝아웃(Meaning+Coming Out, 신념 표현) 수준은 여기서 그치지 않습니다. 단적인 예로 국내의 '청소년기후행동'이 있습니다. 청기행이라 불리우는 이 모임은, 2018년에 기후위기를 인식한 청소년들이 결성했죠. 이들은 '정부의 불충분한 기후대응이 청소년의 생존권, 환경권, 인간답게 살 권리, 평등권 등 기본권을 침해한다'라는 요지로 기후 헌법소원을 청구했습니다. 우리나라뿐 아니라 전 세계 청소년들의 움직임도 다르지 않습니다. 이들은 기후위기는 근본적으로 사회 전반의 시스템을 바꾸지 않으면 해결될 수 없음을 강조하면서, 기후위기를

〈자료 13〉 (좌)청기행 헌법소원 | 식물기반 유아식 | 식물기반 분유 | 단백질 음료(우)
출처: 청기행, nestle, Else, abbott 홈페이지

막기 위해 청소년으로서 할 수 있는 실천이 무엇일지 고민하다가
결국 헌법소원을 제기하게 된 것이라고 설명합니다.

　기업은 이러한 소비자 변화에 신속하고 현명하게 대응해야 하
겠죠? 급기야 2022년 4월, 미국의 이유식 브랜드 거버(Gerber)가
식물기반 유아 식품 시장에 뛰어들었습니다. M세대 주니어이면
서 Z세대에 이을 새로운 연결의 세대, 즉 알파세대(2010~)라고
불리우는 아기들까지 대체식품의 소비자로 확대해서 끌어들인
것입니다. 여기에 더해 전 세계의 고령시대 진입에도 대응을 합니
다. 2024년 2월, 거버의 모회사 네슬레(Nestle)가 고령식품 라인
출시 계획을 발표했죠. 우리나라의 경우도 2025년이면 인구 5명
중 1명이 65세 이상인 초고령사회로 들어섭니다. 고령층의 단백
질 수요가 증가할 수밖에 없는 주요한 이유입니다. 아울러 작금의
고령층은 이전의 고령과는 다른 면모를 보이는데요, 젊은이들의
스마트 소비에 동의하는 액티브 시니어로 등장했습니다. 발 빠르
게 이에 주목하는 기업도 증가하고 있고요.

결국 밀레니얼(M)과 Z세대와 같은 젊은 소비자의 의식 있는 선택적 식품섭취는 향후 20~30년 동안 소비가치를 주도하는 지배적인 힘이 될 것입니다. MZ세대는 크게 10대 후반부터 30대를 아우르는 디지털(인터넷과 모바일)세대인데요. M세대가 학창시절에 인터넷을 경험하거나 활발하게 이용했다면, Z세대는 태어나면서 디지털 기술을 당연하게 접한 첫 세대로 '디지털 네이티브'라고 불리우죠. 이처럼 자연스럽게 디지털 친화성이 기성세대와의 차이를 나타내는 구분점이 됩니다. 모바일이 생활의 중심인 이들이 전 세계적으로 유행한 팬데믹 기간 동안 그리고 이후에도, 특히 식료품 부문에서 전자 상거래 가속화를 주도하고 있고요. 이들이 차지하는 인구분포는 우리나라를 포함해 전 세계적으로 평균 30%를 웃돕니다. 따라서 이들의 소비 패턴을 정확하게 이해하는 것이 그만큼 중요하죠.

이 젊은 세대들이 가장 중요시하는 구매요인이 바로 '편리성'입니다. 필요한 모든 것을 한번에 구매할 수 있는 매장, 가장 편리한 위치에 있는 매장, 그리고 배달을 통한 음식 주문, 혹은 유명 식당에서의 식사선호를 포함합니다. 또한 새로운 음식을 탐구하고 그 음식을 소셜 미디어에 소개하는 것을 라이프스타일 경험으로 간주하고요. 대체식품을 포함해서 다양하고 윤리적이고 환경 친화적인 식품을 긍정적으로 원하는 이유이기도 합니다.

이들은 점점 원하는 것이 많은, 더욱 까다로운 고객이 되어갑니다. 이러한 추세는 M세대의 주니어인 알파세대, 그리고 여기에 동조하는 고령세대를 아우르는 전 세대로 확장될 것입니다. 미래의 식품 관련 업계는 이 점에 주목해야 합니다.

3장 대체를 넘어, 미래식품에 대한 기대

1. 우린 이제 다시 괜찮아질까?
2. 디지털 식품혁명, 우리가 원하는 미래식품

인류는 식량위기를 기술의 힘을 빌어 모면했습니다.
기술을 통해 GMO작물의 대량생산이 이루어졌고
거대 식품산업의 생태계가 구축되었습니다.
인류는 생존과 편리를 보장받았습니다.
하지만 우리의 식탁은 더욱 불안합니다.
전 지구적으로 식량을 둘러싼 환경이 위험하고, 건강하고 안전한 식자재의 확보도 부족합니다.

이러한 현실을 인식하게 되면, 우리는 불안과 편리 사이의 균형을 찾아야 합니다.
현재의 식품을 담고 있는 서랍을 열어보고,
문제의 본질에서 시작해서
우리가 원하는 미래식품의 밑그림을 그려보고자 합니다.

1

우린 이제 다시 괜찮아질까?

"챗GPT가 구글 검색보다
10배의 전기사용과 60배의 탄소배출"
"지구 온난화의 시대는 끝났다,
이제, 지구가 끓어오르는 시대가 왔다"

"한국 소아·청소년 비만율 5명 중 1명 꼴"
"2000년에 태어난 아이는 당뇨병에 걸릴 확률 1/3"

"기술을 통해 식량생산을 개선하고
합리화할 수 있었던 오늘날에도
영양 과잉으로 고통받는 사람의 수가 10억 명
영양 실조로 고통받는 사람의 수가 8억 명을 넘어"

"필요에 따라 도입된 식품개발은
미래에 지속 가능하지 않을 수도"

천재지변, 전쟁과 같은 거대한 사건, 사고뿐만 아니라 모든 일상이 문제의 발생과 해결의 연속입니다. 매일 직면하는 다양한 문제 앞에서 흘러 넘치는 정보, 가짜 뉴스, 그리고 사소한 현상에 현혹되다 보면 우리는 특정 사안의 본질을 쉽게 놓칠 때가 있죠. 본의 아니게 사안이 커져서 미궁에 빠져들기도 하고요. 지금의 세상이 대체로 그런 듯합니다. 인구증가, 식량위기, 동시에 기후위기, 그리고 난데없는 전쟁, 블랙박스 AI 등장 … 참으로 복잡하기 이를 데 없습니다만, 정답은 늘 단순함에 있다고 하죠. 그래서 미래식품도 가장 기초적이고 단순한 논리, 5W1H(Who When Where What Why How, 6하원칙)로 접근해봅니다. 문제의 본질을 큰 그림으로 그리는 나침반이 되어줄 것이라 기대합니다. 우리의 주제, 내일의 먹거리 문제를 원점에서 질문해보겠습니다.

When
'언제'부터 생긴 문제이기에 우리가 이렇게 신중하게 묻고 있나요?
선사시대부터 인류는 왜 음식의 저장을 소망해왔을까요? 이는 역설적이게도 한결같습니다. 오늘의 사과나무를 심는 건 내일이 있다는 믿음이죠. 생각하는 존재인 인간은 미래에 대한 희망찬 기대를 품기 때문이고요. 시간이 멈추지 않는 한, 오늘이 어제가 되었듯이, 언제나 내일은 옵니다. 그런데 한 가지 짚고 넘어가야 할 것이 있는데요, 어제의 내일과 오늘의 내일에 다른 점이 있다는 것입니다. 바로 속도입니다. 먼 과거에서부터 오늘에 이르는 웬만한 분야의 흐름을 그래프로 나타내면 대개 하키스틱(Hockey Stick) 곡선으로 그려집니다. 하키선수들이 사용하는 스틱 형태에서 유래된 그래프인데요, 평평하게 긴 손잡이 스틱 끝에서 날 쪽으로 급격하게 90도로 꺾이는 곡선 모양이죠. 지구온도 변화양상이 그러했고, 앞선 두 챕터에서도 보았듯이, 근대에 이르러 인구 증가와 첨단 기술 속도의 급격한 우상향이 그 모양입니다. 이것이 우리가 인지해야 할 매우 빠른, 내일의 속도입니다.

Where
미래의 '어디'에서 일어나는 일인가요?

5W1H 중에 제일 쉬운 답입니다. 우리 인류가 서 있을 수 있는 곳은 단 하나의 행성, 지구이기 때문입니다. 지구가 깨끗하게 살아야 우리도 건강하게 살 수 있습니다. 설마 화성에서 살기를 고려하는 건 아니지요? 미국의 나사도 겨우 2035년에야(한국은 2045년) 화성유인탐사를 합니다. 지금의 기술로는 화성까지 편도로 9개월이 소요되고요. 우리 세대에는 거의 불가능한 일입니다. 화성에서 편하게 살 수 있지 않는 한, 선택의 여지가 없습니다. 지구라는 터전은 우리에게 불변의 장소입니다.

What
'무엇'이 미래의 지구에서 해결해야 할 가장 중요한 문제인가요?

지구가 지금처럼 살아있는 이유는 무엇일까요? 생명력입니다. 인류가 유구한 역사 동안 지구에 살아남아 있기 때문이죠. 지구의 최적화된 환경과 식량의 먹이순환이 원동력이 되어 인류의 삶이 이어졌습니다. 우리는 하루에 3끼, 1년이면 1,100번도 넘는 식사를 마주합니다. 인생의 긴 여정에서 건강하고 안전한 식단으로의 변화는 필수입니다. 조지 오웰^{George Orwell}이 쓴 르포의 글귀로, 음식의 중요성을 부각시켜 봅니다.

"인간의 몸은 기본적으로 음식을 담는 가방입니다… (중략) 사람이 죽으면 그 사람의 말과 행동은 모두 잊혀지지만, 그가 먹은 음식은 그 자식들의 건전한 뼈 속에, 그 사람 뒤의 썩은 뼈 속에 살아 있습니다. 나는 식단의 변화가 왕조나 심지어 종교의 변화보다 더 중요하다고… (중략) 그러나 음식의 중요성이 우리에게 왜 거의 인식되지 않는지 궁금합니다. 정치인, 시인, 주교의 동상은 어디에서나 볼 수 있지만 요리사, 베이컨 가공업자, 시장 정원사에게는 동상이 없습니다."

Who

미래의 지구에서 먹을 건강한 음식을 만들려면, '누가' 해결해야 하죠?

이 질문의 답도 쉽습니다. 우리 인간이죠. 인간 말고 또 있나요? 대를 이어 우리가 먹을 음식입니다. 하지만 음식 소비자로서의 우리는 대부분 식품에 대한 지식이 부족합니다. 첫 번째는 영양에 대한 지식이 부족합니다. 우리가 얼마나 알고 있는지 질문해볼까요? 에너지를 생성하는 3대 영양소는 무엇입니까? 각각의 역할은 무엇이고요? 어느 정도 비율로 그리고 어느 순서로 섭취해야 건강을 유지할 수 있을까요? 단백질의 과다섭취는 어떤 문제를 일으킬까요? 두 번째는 식품이 환경에 미치는 영향에 대해서도 잘못된 인식을 갖고 있기도 합니다. 모든 육류는 무조건 탄소배출의 주범인가요? 같은 양의 닭고기와 토마토 생산에서 어느 것이 더 환경에 유해할까요? 세 번째는 식품생산에 대한 지식이 부족한 경향도 있습니다. 가공식품의 합성 첨가물은 계속 섭취해도 건강에 문제가 없나요? 비싼 식품은 건강에도 좋은가요? 식당 음식의 식재료에 대해서 궁금해한 적이 있나요?

결과적으로 식품기술에 대한 일반인의 평가는 정교한 정보 파악에 의해서가 아니라 대개 경험에 기반을 두는 경우가 많습니다. 거의 대부분이 맛으로 모든 것을 평가하고자 하죠. 실은 여기에는 내재된 이유가 있습니다. 음식을 만드는 과정, 즉 요리는 원래 우리가 직접 하던 즐거운 과정이었습니다. 그런데 이제 우리는 이것을 식품회사에 전가했습니다. 시장은 이를 요리라 하지 않습니다. 가공이라 부르죠. 개인이 건강하게 구사한 요리가 기업이 기술을 활용한 미지의 가공으로 변환된 것입니다. 요리를 식품회사에 전가한 대신에 우리는 편리함을 보장받았습니다. 미지의 식품에 우리는 또 무엇을 내줘야 할까요? 우리의 요구에 부응해온 과학기술의 미래는 저절로 장밋빛으로 변하지 않습니다. 우리의 적극적인 참여로 만들어나갈 수 있는 것이죠. 편리함 대신 주도권을 내줄 수는 없겠습니다. 과학기술발전의 궤적을, 그럴 수밖에 없었다거나 결과적으로 정해진 것으로 치부하면 안 됩니다. 기성 이해집단의 힘에 굴복하지 말고 과학기술개발의 모든 과정에 적극적으로 참여하는 전 인류의 노력이 요구됩니다.

How
미래의 좋은 식품을 '어떤 방법'으로 구상해볼 수 있을까요?

2차 식량위기에 직면해 있는 지금은 테크라는 진화된 이름으로 무장한 첨단 기술을 자랑하는 세상입니다. 60여 년 전에도 유사한 배경이 있었죠. 당장 내일이면 먹을 게 없어서 죽을 것 같은 세상을 과학기술로 구했습니다. 그렇다 보니 지금 역시 걱정할 것이 없어 보이기도 합니다만, 매번 인류의 생존을 건진 과학기술이 현재 지구와 인류에게 어떠한 양상으로 다가와 있는지 정확히 알고,

앞으로의 과학기술에 고마워해야만 할지, 의지만 해야 할지 논해야 할 것 같습니다.

인류는 과학기술의 발전으로 인해 자연을 개발하고 통제할 수 있었고, 나아가 자연의 위력을 능가하는 인공적인 새로운 물질을 만들어낼 수 있게 되었습니다. 하나의 예로 화학 살충제는 20세기 내내 전 세계적으로 농업에 사용되어 해충을 구제하고, 이것이 매개하는 질병을 퇴치시켰습니다. 결과적으로 식량생산량 증대에 큰 업적을 남겼죠. 그러나 점차 화학 살충제가 해충 이외의 야생생물이나 사람에게도 피해를 준다는 사실이 밝혀졌습니다. 이후에도 오존층 파괴 논쟁이나 지구 온난화, 환경 호르몬 문제가 대두되고 있고요.

생명공학은 질병 치료와 생명 연장, 엄청난 부가가치 창출이 예견되면서 21세기 첨단 과학기술의 총아로 떠올랐습니다. 단적으로 이질적 종(種) 사이의 DNA를 조합해 새로운 DNA를 만들어내는 DNA 재조합 기법이 고안되었죠. 이 기법은 인간에게 유용한 산물을 만들어낼 수 있는 가능성을 열어준 반면, 새로운 병원체가 만들어질 수 있다는 우려도 불러왔고요. 나아가 과학자들이 새로운 생명체를 만드는 창조자 노릇을 하는 것에 대한 윤리적 논란과 GMO식품을 둘러싼 안전성 논란도 뜨겁습니다.

기술 덕분에 스마트해진 인류입니다. 연장선상에서 우리는 디지털 기술을 만들었고, AI를 만났습니다. 미래학자들이 21세기를 상생의 시대라 점쳤던가요? 인류를 살리려는 미션을 가지고 만든

AI입니다. 이제 우리가 할 일은 AI에 의존만 하는 것이 아니라, AI를 잘 다루는 인류로 남아야 하는 것이죠. AI와 우리, 함께 발전하는 윈-윈 모드로 말입니다.

Why
우리가 미래의 지구에서 테크를 활용해 건강하고 안전한 음식을 만들어 잘 먹으면 될 텐데요, '왜' 굳이 현재 식량 시스템에 문제를 제기하는 것일까요?

미래식품이 식량위기를 해결하고자 등장했습니다만, 사실 수치상으로는 80억 인구 이상의 사람들까지 먹여 살릴 식량이 지구상에 존재합니다. 따라서 산술적으로는 지구상에 기아가 있을 수 없습니다. 그런데 FAO에 따르면, 2022년 7억 8,300만 명이 기아에 직면해 있습니다. 아이러니하게도 선진국에서는 8억 8,000만 명의 성인과 1억 5,900만 명의 어린이 및 청소년이 비만으로 추정되고요(WHO 2022). 식민지를 확대하던 제국주의 역사에서 연유하는 초국적 농식품기업의 식량지배 시스템의 복잡한 배경 이야기는 차치하더라도, 전 세계 차원의 자원 수급 불평등이 너무 심한 나머지 한편에서는 과잉이, 다른 편에서는 기아가 판을 치고 있는 것입니다. 여기에 더해 세계적으로 생산되는 식품의 32%는 먹지 않고 버려집니다. 결국 지구상의 식량부족은 수급 불균등, 즉 왜곡된 분배의 문제입니다.

전 세계 가축 수는 약 15억 마리의 소를 포함해 돼지, 양, 오리, 닭 등 약 354억 마리에 이릅니다(NIH, 2021). 세계인구의 4배입니다. 공장식 축산업이 낳은 거대한 결과물이죠. 이들을 사육하기 위한 땅은 지구 토지 면적의 약 1/4(24%)에 해당하고요. 이는 아마존 열대우림의 31%를 벌채한 토지를 포함합니다. 이렇다 보니 온실가스 배출량(18.4%)이 많을 수밖에 없습니다. 이는 환경오염의 주범으로 지적되는 도로교통수단에서 배출되는 양 11.9%보다도 훨씬 많습니다(ourworldindata, 2021). 소요되는 에너지 양도 비교해볼까요? 하루에 소비되는 물의 양을 비교해보죠. 세계 80억 인구가 소비하는 물이 200리터인데, 전 세계 소 15억 마리가 1,700억 리터를 소비합니다. 거의 9배 수준이네요. 하루에 쓰는 식재료(소는 사료)의 경우는 사람이 15억 톤을 쓰는 데 비해 소는 40배인 600억 톤을 먹어 치웁니다. 그렇다면 사료는 어디서 재배하나요? 이 사료를 재배하기 위해서는 또 광대한 토지가 필요한 것이죠. 육류 섭취의 세계적 증가에 대응해오느라 공장식 축산업이 이렇게 확장된 것은 이해가 됩니다만, 이렇게 부정적 요소가 많은 공급 과정이 지속되기에는 무리가 따릅니다.

1kg의 단백질을 소에게서 얻으려면 25kg의 사료양이 필요합니다(사료전환율 FCR). 전 세계 농경지의 75%가 가축사육에 사용되고요. 하지만 가축에게서 얻는 단백질은 전 세계 단백질 공급량의 1/3에 불과합니다. 미국의 경우에 곡물생산량의 70%는 가축의 사료로 이용되고 있습니다. 이만하면 가성비 제로입니다. 제가 이 부분을 문제로서 제기하는 이유 중 하나가 바로 생산 효율성이 제로이기 때문입니다.

한편, 사육속도 개선을 위해 가축에게 지속적으로 투여된 항생제와 성장촉진제의 여파는 무서울 정도입니다. 전 세계 항생제 생산량의 약 80%가 가축에게 사용되고, 이는 가축폐수에도 내성인 자로 남겨 지구의 땅과 물에 오랫동안 잔여하고요. 성장촉진제는 어린이에게 가져온 성조숙증뿐 아니라 전 세계적으로 40% 치사율인 내성균 감염피해를 일으킨다고 보고되고 있습니다(CDC). 한때 이런 이야기가 돌아다녔죠, '아이들의 키를 키우려면 치킨 섭취를 많이 시키면 된다'라는. 닭이 섭취한 성장촉진제가 인간에게 간접적인 영향을 준다는 참담한 이야기입니다. 항생제로 인한 멸종종에 대한 이야기도 있죠. 소똥을 먹이로 삼는 소똥구리가 1971년 국내에서 완전히 사라졌습니다. 소똥에 함유된 항생제가 원인으로 지목되었고요. 하지만 소똥구리는 자연의 청소부라 불리울 만큼 환경 이점이 많습니다. 예컨대 가축의 분변을 그대로 두면 메탄이 발생하지만, 소똥구리가 분변을 분해하면 메탄이 발생하지 않죠. 이렇게 생태계를 이롭게 하는 소똥구리의 복원을 위해 국립생태원이 2019년 몽골과 호주에서 소똥구리를 수입했습니다. 현재 공장식 축산장이 아닌 방목장에서는 잘 성장하고 있습니다.

사육속도도 살펴볼까요? 1957년에는 알에서 부화하고 57일째 되는 닭의 무게가 905g이었던 것에 비해, 2005년에는 57일째 닭이 4,202g까지 성장했다면 믿어지나요? 그래서 요즘 닭은 35일째에 식용 처리해야만 합니다. 5주가 넘으면 자신의 발로 서 있는 것이 힘들 정도로 비대해지기 때문이죠. 즉 우리는 생물학상 한계에 이르기까지 가축의 품종을 개량해버린 것입니다. 지금까지 기술혁신은 동물을 생물로서가 아니라 식용육을 생산하는 공산품으로 진화시킨 것이죠. 이와 같은 무리한 축산방식이 감염증을 유발할 위험성을 내포하는 것은 자명합니다. 아직도 전 세계에서 시

시때때로 아프리카 돼지열병이나 조류 인플루엔자 등이 발생하는 것을 목격하고 있습니다. 이와 같은 위험성을 감수하고 축산을 대량 산업화하는 데도 미래의 인구증가 대비 충분한 동물성 단백질을 공급할 수 없다고 예측합니다.

이렇듯 현재의 전 세계 산업형 식량공급 시스템은 지속성, 효율성 그리고 안전성에서 자유롭지 못합니다. 인류의 식량을 둘러싼 상황이 이렇습니다. 그럼에도 불구하고 우리가 먹거리 산업의 거대화 이면의 편리함에 숨어, 생존의 위협을 받을 수는 없습니다.

우리는 5W1H 접근을 통해 문제의 본질에 마주했습니다. 여기서 우리는 본질에서 출발하면 올바른 정보를 얻을 수 있고, 좀 더 기본에 충실할 수 있다는 것을 알게 되었습니다. 이러한 경험을 바탕으로 급격한 미래 변화에 대응할 논의를 준비합니다.

2

디지털 식품혁명,
우리가 원하는 미래식품

미래를 예측하는 가장 좋은 방법은 미래를 창조하는 것입니다

20세기 인구증가로 인한 식량위기에 맞선 해결책은 녹색혁명과 식품산업화였습니다. 다수확 작물의 우선 순위화, GMO, 화학비료 사용, 가축사육의 최적화, 양식업의 확장… 이러한 모든 요소가 전례 없는 생산성의 상승으로 이어졌습니다. 문명의 발전은 고도로 가공된 새로운 종류의 맛있는 음식을 탄생시킨 식품산업화에 의해 강화되었고요. 결핍의 자리는 과잉으로 넘쳐 났습니다. 따라서 인구는 계속 증가할 수 있게 되었고, 결국 지구의 환경과 인류의 건강에 해로운 영향을 미쳤습니다.

2050년 지구에 97억 명의 인구가 거주한다면 매우 위급한 상황임이 분명합니다. 전 세계 육류 소비율은 급속히 증가하고 있지만,

농업 수확량은 수요 전망을 따라가지 못하고 있죠. 여기에 지구환경을 위해 탄소배출량과 토지 이용을 줄이는 숙제가 남아 있기 때문에 식량생산 기술의 재진화가 필요합니다. 때 아닌 전쟁의 발발은 식량안보의 해결까지 요구합니다. 지구적으로 더욱 탄력적이고 지속 가능한 식량 시스템을 구축해야 할 필요성이 생깁니다. 까다로운 소비자를 위한 가치를 창출하기 위해 수요증가에 따라 비즈니스 모델을 전환해야 하고요. 기술은 그 자체로 동인(動因)이기보다는 조력자입니다. 식품과 관련되지 않았던 AI, IoT, 블록체인 등 일련의 신기술이 농장에서 식탁까지의 가치사슬에 걸쳐 조력자로서 거대한 응용 프로그램을 만들어내고 있습니다.

일련의 이러한 모든 요소는 새로운 식품혁명의 조건과 필요성을 창출합니다. 상황이 복잡해질 때마다 스마트해진 인류는 빠른 속도로 발전할 수 있는 새로운 과학적 발판을 마련해왔죠. 대체육도 시대의 요구에 부응해 등장한 먹거리입니다. 축산업으로 발생하는 온실가스의 양을 줄이고, 가축 도살이나 공장식 사육에서도 벗어날 수 있으며, 인류의 식량난을 해결할 수 있다는 시점에서 확고한 명분과 가치로 자리했죠. 여러 가지 이유로 동물성 섭취를 배제하는 베지테리언, 육류를 섭취할 수 없는 사람들, 그리고 새로운 식품에 대한 호기심이 왕성한 소비자들에게 또 다른 선택지로 등장했고요. 게다가 웰빙 트렌드와 더불어 몸집을 키웠고, ESG를 등에 업은 거대 투자금액은 식품업계에 유례없는 기록을 남겼습니다. 이에 더해 동물성 고기와 유사한 맛, 질감 및 모양을 얻을 수 있도록 도와주는 푸드테크의 발전 덕분에 대체식품은 수퍼마켓 진열대와 소비자의 쇼핑 카트에서 입지를 굳혀가는 듯했죠. 그러나 최초의 장밋빛 전망과 달리 우리는 다시 새로운 식품 혁명을 찾습니다. 디지털 기술의 발전으로 더 높고 더 빠른 기대를 품게 합니다. 그저 동물성 식품을 대체히는 단백질이 아니라 '미래식품'으로서의 건강한 단백질, 더 나아가 '지속 가능한 단백질'을 요구하는 것입니다.

또한 미래에는 우리 소비자의 선택권이 매우 중요할 것입니다. 기술이 인간의 니즈에 의해 발전되어온 만큼 인간의 요구 또한 점점 증대되어왔죠. 기술이 가져다준 삶의 편리성이 결국 개인화와 다양성이란 현상을 만들었습니다. 미래식품 또한 이를 충족시켜야 할 것입니다.

우리의 식사는 영양분을 제공하는 것 외에도 정서적, 사회적 필요를 충족시켜야 됩니다. 그러한 필요가 우리의 잠재의식 속에 문화로 남아 있습니다 이렇게 자리 잡은 음식문화는 모든 사회에서 필수적인 부분이며, 대부분의 사람들은 아마도 익숙한 그것을 바꾸고 싶어 하지 않을 것입니다. DNA처럼 오래도록 각인된 문화는 바꾸고 싶어도 쉽게 바뀌지 않습니다. 세계 곳곳에 각 나라의 음식점이 성황을 이루는 이유가 그것입니다 타국에 주재하는 각 나라의 사람들이 입맛을 유지하고 싶어 하기 때문이죠. 이러한 문화적인 필요를 보존하는 것이 미래식품에도 상당한 영향을 미칠 것입니다.

앞서 살펴본 것처럼 미래식품은 이렇게 한 번에 여러 가지 문제를 해결해야 합니다. 혁신적 기술로 무장한 푸드테크가 음식을 설계, 생산, 선택, 배송하고 최종적으로 즐기는 데 있어 효율성과 지속 가능성을 창출하기 위해 이용될 것입니다. 좀 더 나은 기술을 활용하는 방법을 탐구하는 산업으로서, 변화하는 시대에 적응하고 더 건강하고 안전한 식습관을 통해 더욱 까다로운 소비자의 요구를 충족하는 것을 목표로 하겠죠. 장황하게 설명했지만, 이것을 큰 그림으로 그려보면 이렇게 간단합니다(자료 14).

미래 세상의 지속 가능한 생명력은
안전하고 건강한 음식에 달려 있습니다.
이 미래식품을 위해
인류가 다시 혁신적 기술과 힘을 합해야 하고요.

구상하는 식품 시스템이 완벽한 제도를 만드는 것이 아닙니다. 그런 간단함을 위한 큰 그림이 아닙니다. 끊임없이 논쟁과 논의를 할 수 있는 장, 그러한 장의 기본이 되는 터전을 말하고자 합니다. 미래식품을 구성할 음식 위에 펼쳐진 기술, 음식이 이어온 문화전통, 그리고 음식을 섭취할 우리의 기대를 차례대로 이 터전 위에 올려 보겠습니다. 우리가 원하는 미래식품을 얻기 위한 논쟁과 논의의 대상으로서 말입니다.

인류의 진화에 따른 기술발전의 효용성 양상은 이미 살펴보았습니다. 미래식품에 대한 우리의 기대는, 이미 개발된 그리고 개발 중인 대체식품과 새로운 작물을 통해 희망을 품어보겠습니다.

2부에서 이 식품들을 소개 드립니다. 그리고 연속해서 각국의 음식문화를 살펴보면서, 이들이 이 논의에서 어떤 의미인지 엿보기로 합니다.

〈자료 14〉 미래식품 5W1H 분석의 구성도
출처: 필자 작성

미래식품 발전

기술문명에
문화를 입히다

1장 미래식품과 푸드테크 & AI

1. 미래식품 유형과 테크적 특징
데이터를 활용하는 것이 혁신의 잠재력을 여는 열쇠입니다

2. 미래식품 유형별 시장 경쟁력
방향은 과대광고에서 침체, 통합의 과정을 거치며 전환합니다

3. 미래식품과 AI
식량 전환은 인간과 AI의 혁신적 협력과 기술융합이 필수적입니다

디지털 시대를 맞이해 대체식품 환경도 변모하고 있습니다.
혁신기술을 앞세워 새롭게 등장한 식품도 있습니다.
우리는 이런 식품들을 대체식품이 아니라,
보다 포괄적인 개념으로 미래식품이라 부릅니다.

여기서는 미래식품의 유형을 분류하고 각각의 테크적 특징을 알아봅니다.
미래식품의 시장 경쟁력과 향후 영향력을 가늠해봅니다.
미래식품이라는 식량전환에 응용되는 AI와 인간의 혁신적 협력도 살펴봅니다.

1

미래식품 유형과 테크적 특징

    코로나(COVID-19) 이후 근 2여 년간 대체식품업계의 변화는 매우 놀랍습니다. 혁신기술이 판도를 바꾸고 있기 때문인데요, 기술개발에 대한 어제의 뉴스는 모두 구식이 되어버렸습니다. 외부 기술변화가 매우 빨라 우리가 늦어지는 것인지, 우리가 늦어 그들이 빠르게 느껴지는 것인지 모를 정도입니다. 이러한 변화와 맞물려 대체식품 시장도 푸드테크와 접목한 혁신기술을 중심으로 성장할 것입니다. 혁신기술은 IT, BT(Bio-Technology 생명공학), 개인 맞춤형 테크 등 식품 외부에서 도입되는 기술을 말하죠. 이러한 기술은 맛과 품질, 즐거움 같은 오래전부터 내려오는 식품 본래의 의미와 조화를 통해 기존 식품산업의 영역을 확장할 것이고요. 여기에 더해 식품에 관심 있는 산업들이 각자의 경계를 허물고 혁신기술과 융합하면서 푸드테크가 초거대 산업으로 발전해가는 양상입니다. 이렇게 광범위해진 푸드테크 산업은 제품, 유통,

마케팅 또는 비즈니스 모델을 혁신하는 모든 농, 식품기업가와 스타트업으로 구성된 거대한 생태계를 형성했습니다.

따라서 대체식품의 개념과 범위도 자연스럽게 확장되었죠. 대체식품은 대체육, 대체우유 등 주로 기존의 동물성 식품을 대체하려는 대체 단백질 식품의 범위를 넘어 지속 가능한 단백질 공급원이며, 그리고 미래에 식량 전환을 담당하는 새로운 미래식품으로 자리를 넓히고 있습니다. 이제 대체식품은 '미래식품'으로, 생산에서 소비에 이르는 가치사슬에 푸드테크를 이식시키는 추세 속에서 그 위치가 공고해졌습니다. 1부의 기술발전 편에서 살펴보았던 〈자료 9〉의 〈푸드테크 산업과 혁신기술융합〉 그림에 이 상황을 더 추가해보았습니다(자료 15).

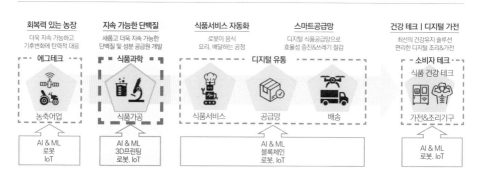

〈자료 15〉 푸드테크 산업 발전
출처: 필자 작성

2부에서는 이러한 일련의 선도적인 추세 안에서 대체식품과 새롭게 출현한 작물의 '테크적' 개발 현황을 알아볼 것입니다. 빨라진 미래에 맞춰 '신속하지만 그래도 신중하게', 업계의 흐름과 변화양상을 따라가보겠습니다. 본론으로 들어가기 앞서 각 유형별로 개괄적인 특징을 설명하고 갑니다.

대체식품의 유형은 단백질 공급기반을 기준으로 크게 식물기반, 발효기반, 세포배양기반, 곤충기반 단백질, 그리고 새로이 부상한 분자농업, 하이브리드 작물로 나누었습니다. 각 유형의 용어가 암시하는 바처럼, 각각의 소재기반에서 단백실을 추출하고 가공 공정을 거쳐 동물성 식품을 대체하거나 다양한 단백질을 제공하는 데 목적이 있습니다.

　식물기반 단백질은 채소, 과일, 곡물, 버섯, 해조류 가운데, 대체하고자 하는 동물성 식품에 적합한 식물의 성분 분석과 선별이 우선 과제입니다. 소화 단백질 농도와 알러지 유발 요소가 주요한 선별 기준이 되는데요, 알고 있는 식물의 종류가 많을수록 유리한 환경이 되겠죠. 이렇게 선별된 식물에서 지방, 전분, 섬유질을 제거하고 단백질만을 추출합니다. 추출한 단백질(ISP Isolated Soy Protein 분리단백, TVP Texurized Vegetable Protein 조직단백)에 필요한 첨가물을 더해 동물성 대체식품으로 가공됩니다.

　세포배양기반 단백질은 가축, 어류에서 직접 세포를 채취해 인위적으로 세포를 배양합니다. 해당 동물 체내에서 배양되는 것이 아니라 실험실의 생물반응기(Bioreactor)에서 세포를 배양하는 것입니다. 결국 배양육은 동물세포에서 직접 생산된 고기죠. 고기를 재배하는 과정은 근육과 지방을 만드는 데 필요한 기본 공정은 물론 동물 내부에서 일어나는 것과 동일한 생물학적 생성을 가능하게 하고요. 이로써 세포배양육은 세포 수준에서 기존 고기와 동일합니다. 세포기반(cell-based) 혹은 배양/재배육(cultivated/cultured)으로 불리우는 이유입니다.

발효기반 단백질은 된장, 요구르트, 와인, 막걸리 등의 전통 발효식품을 통해 알고 있듯이 미생물을 기반으로 만들어집니다. 산업 발효에서는 기술을 통해 인위적으로 생물반응기에서 발효를 생성합니다. 이로써 전통발효 이외에 특정한 기능 성분을 생산하는 정밀발효와 대량의 단백질 생산이 가능한 바이오매스 발효 기법으로 확대되었습니다.

곤충기반 단백질은 국가별로 식용으로 인정한 곤충에서 단백질을 추출하는 것입니다. 환자에게 투여하는 일부 영양 공급원으로 혹은 동물사료로 개발되고 있습니다. 식물기반과 배양육의 성장세가 주춤하는 사이에 식용으로의 실효성에 대한 기대가 커졌으나, 아직 관련 규제와 해당 연구가 미비합니다.

그리고 최근에 놀라운 새로운 식품이 등장했습니다. 기술 한계와 비용이 배양육 개발 속도의 발목을 잡고 있는 동안, 시장의 기대와 달리 식물기반 대체육이 시장을 석권하는 시간이 지체되자, 시장은 빠르게 하이브리드 대체육 제품을 내놓습니다. 전기자동차의 성장세가 주춤한 사이 하이브리드 자동차가 대세를 이루고 있는 것과 같은 맥락이죠. 또한 이 타이밍에 농업 과학 연구자들의 아이디어가 세상에 발현되고 있습니다. 분자농업 GMO작물과 하이브리드 개발 작물이 주요한 결과물입니다.

이렇게 유형별로 특징을 간략히 정리해보았는데요, 대체 가능한 응용대상도 주목할 만합니다. 동물성 식품으로 알고 있는 대부분의 제품이 개발되고 있죠. 다만 상용화와 소비자 선호 입장에서 보면, 현재 대체육과 대체우유 및 유제품이 주요 제품군입니다. 다음 챕터에서 다룰 유형별 장단점 또한 각기 분명한데요, 이에 따라 유형별로 각각의 발전속도가 다를 수 있음을 미리 인지하는 것도 중요합니다. 더불어 현재 가장 액티브하게 시장을 선도하고 있는 업체들의 현황도 주시할 만합니다. 현재는 스타트업보다도 전통 식품 대기업의 활동이 현저히 돋보입니다(자료 16). 스타트업이 주도하던 2여 년 전과 확연하게 달라진 부분 중 하나로, 식품업계에 도입된 디지털 기술이 만들어낸 현상입니다. 기술 혁신을 재빠르게 활용한 스타트업과의 협업을 이끌어낸 초거대기업의 민첩한 의사결정이 만든 파워인 것입니다.

□ 세포배양육 △ 발효기반 ○ 식물기반	PEPSICO	Nestlé	Kraft Heinz	ABInBev	General Mills	Tyson	JBS	Cargill	Smithfield	Hormel
	식품기업					육류기업				
투자	○	○	△		○	□△○		□○		
합병		○	○				□○			
파트너십	○	□	○	△○				△○		△
제조 및 R&D		○	○	△○	△○	○	□○	○	○	○
	스타트업									
	□ 굿미트, 알레프팜즈, 업사이드푸드, 블루날루, 모사미트, 퓨처미트, 미터블, 티센바이오팜 △ (매스) 솔라푸즈, 네이처파인드, 퀀, 천크푸즈 (정밀) 퍼펙트데이, 리밀크, 모티프푸드웍스, 예브리,이노프, 이매진데어리 ○ 낫코, 오틀리, 비욘드미트, 임파서블 푸드, 지구인컴퍼니									

〈자료 16〉 식품대기업의 적극적 기술협업
출처: GFI_필자 수정 및 가필

이제 본격적으로 미래식품에 대한 우리의 기대를 어디에 놓을지, 유형별로 각각의 테크적 특징을 살펴보겠습니다. 그리고 유형별 시장에서의 경쟁력과 향후 영향력을 가늠해보겠습니다. 미래식품에 응용되는 AI와의 협력 현황도 이어집니다.

1) 식물기반 미래식품의 테크적 특징

양배추, 파인애플, 완두로 맛있는 우유를 만들다
인간의 감정을 불러일으키는 향기와 아로마를 개발하는 AI 셰프가
40,000개 이상의 식물의 분자 및
화학적 특성을 포함하는 데이터베이스를 보유하고
동물성 식품의 맛, 질감 및 기능 요소를
모방, 대체할 수 있는 최적의 식물 조합을 예측하다

식물기반 업계에 테크의 끝판왕이 등장했습니다. 경제학도였던 마티아스^{Matias Muchnick}는 일찍이 AI를 활용해 뮤추얼 펀드를 만들고자 했습니다. 결과는 실패였죠. 하지만 그때 유전자 편집기술 (CRISPR)로 몰려가는 자본 시장을 목격하면서, 그는 식량 시스템 전면 개편의 가능성을 봅니다. 때는 2015년, 그러니까 이미 시장에는 비욘드미트(미국, 2009)와 임파서블 푸드(미국, 2011)가 자리를 잡고 있을 때였죠. 마티아스 씨는 단백질 식품에 관심이 많은 생명공학박사, 컴퓨터공학자인 친구들과 구식 방법론에 의존하지 않는 새로운 방식으로 더 빨리, 새로운 식물성 대체식품을 만들고자 궁리합니다. 결국, 그들은 AI 기술을 이용하기로 결정하죠. 학습 소프트웨어 AI 주세페(Giuseppe)가 탄생하는 순간입니다. 주세페를 기반으로 이들은 낫코(칠레, 2015)회사를 창립하는데요, 창립 3일 만에 제프 베조스^{Jeff Bezos}의 투자를 이끌어낸 일화가 회자되기도 했습니다. 창립 7년 만인 2022년엔 유니콘 기업으로 등극했고요. 낫코는 퍼스트 펭귄 스타트업이 만든 소신과 신념 위에 조금은 쉽게, 기술을 더해서 시작한 후발 업자이긴 하지만,

그 당시 AI를 선택하고 상생한 것은 매우 탁월한 의사결정이었죠.

　AI 주세페의 형성과정과 역할은 이렇습니다. 빅데이터 구축이 시작인데요, 주세페는 40,000개 이상의 식물 분자 및 화학적 특성(Biagio 시스템)과 30,000개 이상의 동물계와 식물계 전반에 걸친 향기 화합물의 매핑(Flora 시스템)을 포함하는, 그리고 음식의 맛과 경험을 만드는 모든 구성요소에 대한 대단위 정보의 데이터베이스를 학습(ML)합니다. 스마트해진 AI 주세페에게 원하는 동물성 우유를 식물성으로 대체한다는 주문을 해볼까요? 그러면, 제품의 생산까지 다음의 과정이 진행됩니다.

→ 주세페는 각종 식물성분을 분석해서 어떤 조합이 그 동물성 우유의 구조를 복제하는지를 판독합니다.
→ 그리고 복제의 정확도에 따라 성분 수를 포함한 식물기반 레시피를 순위별로 제시합니다.
→ 성분의 조합은 유제품의 풍미에 기여하는 일종의 향기 화합물인 락톤(lactone) 생성도 제안합니다.
→ 이 데이터를 기반으로 과학자들과 셰프 그룹이 원하는 동물성 우유를 식물재료로 대체해 만듭니다.
→ 동시에 주방에서 테스트한 레시피 및 프로세스는 주세페에게 다시 피드백됩니다.
→ 이로써 매일 1,000여 가지의 레시피로 개선되는 알고리즘을 얻게 됩니다.

　낫코는 주세페가 이러한 과정을 거쳐 양배추, 파인애플, 완두를 주 원료로 만들어준 식물성 우유(NotMilk)를 출시하고, 본국 칠레를 떠나 미국으로 진출합니다. 이 소문을 접한 미국의 150세 기업 크래프트하인즈(Kraft Heinz)의 러브콜이 바로 뒤따랐습니다. 영민한 빅푸드 기업이 이전에 볼 수 없었던 기술과 혁신에 대한 스타트업의 민첩한 접근 방식을 보자마자 바로 매료된 것이죠. 급기야 2022년 2월, 공동 브랜드 제품을 개발하는 벤처 The Kraft Heinz Not Company를 설립하고, 샌프란시스코에 R&D 시설도 구축했습니다. 낫코와의 협약을 통해 연 2~3% 유제품 성장 목표를 4~6%로 상향 조정하기까지 했고요. 초거대 기업의 글로벌 상업적 역량과 스타트업의 특허 받은 선도적 AI 기술이 합쳐진 결과입니다. 현재 식물성 우유 NotMilk는 상온 제품으로까지 개발되었고 맛과 질감, 향까지 동물성 식품을 그대로 닮은 것은 물론, 다양해지는 제품의 성분으로 업계를 놀라게 하고 있습니다. 낫코의 대체 햄버거(NotBurger)는 대나무 섬유와 완두 단백질이, 대체 너겟(NotChicken)은 복숭아와 베리(향 조합)와 옥수수가, 대체 마요네즈(NotMayo)는 병아리콩, 해바라기유, 레몬즙이 주요 조합 성분입니다.

AI 주세페의 등장이 식물기반 업계의 지반을 흔들어버렸습니다. 식물기반 대체식품은 가치사슬(Value Chain) 중 원료 소싱(식물소재 발굴과 단백질 추출) 분야가 기술이 요구되는 중요한 단계인 만큼 주세페가 장기적인 승자로 보입니다. 기술 측면에서 AI 주세페는 인간보다 탁월한 학습자로서 다른 식물기반 회사와는 비교도 안 될 만큼 빠르게 신제품을 시장에 출시했죠. 각 제품 개발의 생산 시간도 빨라지고 있고요. 예를 들어 NotMayo를 완성하는 데는 겨우 10개월이 걸렸고, NotMilk Chocolate을 개발하는 데는 5개월, NotChicken은 단 2개월 만에 완료했습니다. 여기에 더해 기존 식물기반 식품의 한계였던 맛과 질감까지 소비자를 사로잡았습니다. 후각이 음식 맛의 대부분을 좌우한다는 과학적 사실을 이해한다면 주세페의 향기 배합 가치는 식물기반 식품의 완성도를 높입니다. AI 주세페는 대체식품의 등장배경이었던 환경이슈까지 커버했는데요, NotMayo 한 병을 생산할 때 일반 제품보다 물을 97% 적게 사용하고 이산화탄소를 26% 적게 발생한다고 합니다. 낫코는 이제 식물기반 업체가 아니라 식품제조 환경을 재편하는 푸드테크 기업으로 성장했습니다. 낫코의 등장으로 식물성 대체식품의 가능성은 무한해졌고요.

젖소와 접촉한 적도 없이 우유 단백질, 카세인을 만들다
"식량 전환의 과제는 너무 커서 혁신적 협력과 기술융합이 필수적,
데이터 과학과 AI를 사용하는 것이 식물계에 존재하는 잠재력을 여는 열쇠"

데이터, 과학, AI, 첨단 기술에 걸맞은 천체 물리학자가 식물기반 업계에 등장했습니다. 구글, 스페이스X 및 임파서블 푸드의 데이터 과학자였던 올리버 잔$^{Oliver Zahn}$이 바로 그입니다. 2024년 4월 그가 놀라운 발표를 했네요. 식물로는 조합이 어렵다고 알려진 카세인(casein), 그 카세인을 식물로 대체해 개발했다는 것입니다. 카세인은 포유동물의 젖에 존재하는 단백질을 일컫는 말로, 주로 치즈 및 기타 유제품 생산에 필수 성분이죠. 동물성 카세인을 대체하는 이 제품은 동물성 우유에 있는 주요 단백질의 기능, 질감 및 맛을 성공적으로 복제하고 호르몬, 항생제 또는 상위 8가지 알레르기 유발 물질이 포함되어 있지 않다고 합니다. 동물성 식품의 성분을 아우르는 수준의 데이터와 독점적인 식물성 성분 데이터베이스를 학습한 AI, DPI(Deep Plant Intelligence 심층식물지능)의 작품인데요, 올리버 씨가 설립한 클라이막스(Climax Foods, 2019)가 개발했습니다.

식품업계가 혁신에 목말라 하는 만큼 빅푸드 기업은 행동이 재빠릅니다. 치즈 브랜드의 세계적 리더이자 글로벌 식품 거대기업인 벨(Bel Group)이 클라이막스에게 파트너십을 제안합니다. 그런데 벨은 이미 식물성 버전의 베이비벨(Babybel)을 선보이고, 자체 식물성 치즈 브랜드를 보유하고 있는 상황입니다. 더구나 2023년에 미생물 기반의 카세인으로 바이오매스 발효와 정밀발효를 통해 유제품 없는 치즈를 개발한다고 발표도 했고요. 하지만 식품의 미래를 정의할 혁신적인 솔루션을 개발하겠다는 그들의 의지는 AI를 놓치지 않았습니다. 159년의 기업 벨과 신생기업 클라이막스의 파트너십은 혁신적 협력과 기술융합이라는 푸드테크 산업 전략의 전형입니다. 빅푸드 기업이 함께 등장했으니 맛에도 질 수가 없네요. 도미니크 크렌^{Dominique Crenn}, 장 조지 봉게르히텐^{Jean Georges Vongerichten} 등 미쉐린 스타 셰프는 이미 클라이막스 치즈로 요리합니다.

클라이막스가 개발한 AI에 조금 더 접근해볼까요? 인간 대신에 빠르게 학습한 지능이 무엇인지도 궁금합니다. DPI가 어떤 학습을 했는지 함께 공부해보죠.

→ DPI는, 식물계에는 압도적으로 크고 복잡한 정보가 많기 때문에 어떤 업체도 바람직한 동물성 기능성을 재현할 수 있는 식물 관련 데이터를 탐색하지 못했다는 것을 전제로 시작합니다. 그리고 글로벌 최적의 데이터 분석을 목표로 합니다.

→ 출발점은 데이터 수집입니다. AI기반 플랫폼이 학습할 내용을 제공하기 위해 치즈 및 기타 동물성 제품이 작동하는 방식에 대한 데이터가 필요하죠. 그런데 기존 데이터가 없습니다. 그래서 먼저, 식품과 인간의 상호작용에 관한 AI기반 '감각' 패널을 개발했는데요, 이는 풍미, 질감, 연질감 및 신축감과 같은 동물성 제품의 주요 기능적 특성에 영향을 미치는 화합물에 대해, 인간이 인식하는 방식을 특성화하는 포괄적인 분석 세트입니다.

→ 그리고 머신러닝을 활용해 수천 가지 식물성분을 빠르게 검사해서, 식물 구조와 동물성 단백질 구조를 비교할 수 있는 기반을 제공했습니다. 이로써 물리적, 화학적 변형에 대해 단백질이 어떻게 반응하는지 이해할 수 있게 되었고, 특정한 특성을 달성하도록 식물성 단백질을 최적화할 수 있게 되었죠. 예를 들어, 카세인처럼 늘어나고 녹는 식물 유래 우유 단백질 매트릭스를 만들고, 동물성 마가린과 버터의 바람직한 특성을 결합한 식물성 지방을 개발하는 것이죠.

식품혁신에 전통적으로 사용되는 수백 년에 걸친 시행착오 방법과 비교할 때, 클라이막스의 AI가 지원하는 정밀제제 프로세스는 이 절차를 단 몇 주 만으로 압축합니다. DPI는 현재 유제품에 대한 대안을 개발하고 있지만, 정밀 배합 공정이 미래에 모든 유형의 동물성 식품을 대체할 가능성도 엿보이는 대목입니다.

2) 발효기반 미래식품의 테크적 특징

토양 대신, 농약도 없는 공기에서 식량을 생산한다면 어떨까요?
햇빛 광합성 대신, 재생에너지 전기를 활용하고요

"공기에서 포집한 이산화탄소와 전기를 이용해 식품을 만드는
게 가능할까?" 이런 엉뚱한 아이디어에 답을 찾고자 신재생 에너
지 공학자를 필두로 3명의 연구자가 한 팀으로 뭉쳤습니다. 그리
고는 공상과학 영화 주인공처럼 실제로 공기에서 단백질을 만들
었습니다. 주변의 모든 부정적 반응에도 불구하고 첫 시제품이 나
왔을 때는 그들조차도 마법처럼 느껴졌다고 하죠. 2017년 헬싱
키에서 론칭한 발효기반 단백질 생산 스타트업, 솔라 푸즈(핀란
드, 2017) 이야기입니다. 2021년에 첫 공장이 구축된 이래, 급기
야 2022년 말에 이들이 개발한 단백질 분말이 싱가포르 식품청
에서 식품 승인을 받았습니다. 솔레인(Solein)이라 불리우는 이
분말은 현재 각종 요리에 실험되고 있죠. 2024년 5월부터는 초
콜릿(Taste the Future)에 계란대용으로 함유되어 출시되었고요.
2035년 목표로 하고 있는 화성 유인 탐사를 위한 우주비행사들의
식량을 생산하겠다는 미래 프로젝트도 구상했습니다. 간절히 원
하면 꿈은 이루어진다고 하죠. 현재 미국항공우주국(NASA)과 함
께 그 프로젝트를 실험 중입니다.

연구원들의 추정에 따르면, 하루에 1kg의 솔레인을 생산하려면
50kWh의 전력과 50리터의 물이 필요합니다. 콩을 재배해 동일
한 양의 식품을 생산하는 데 필요한 토지와 비교할 때, 솔레인 공

장에 필요한 토지가 20,000배 더 적고요. 현재 전 세계가 먹는 모든 단백질을 그들의 기술로 재배하려면 100,000km² 정도의 면적만 필요하다고 합니다. 북한을 제외한 대한민국 면적 정도네요. 더 희망찬 상상을 해보죠. 이 프로젝트를 수행하기에 가장 좋은 장소는 태양 에너지가 가장 풍부한 사막입니다. 2024년 현재 전 세계 토지 중 농업용지가 38%, 사막이 33%를 차지합니다. 사막화(75%)가 진전되는 지구에서 사막을 농토로 사용할 수 있는 매우 주목되는 수치입니다.

이 정도 세련된 기술이라면 발효공정과정을 언급하지 않을 수 없겠습니다. 그런데 공학자가 아니라면 이해하기 어렵죠. 간략하게나마 순서대로 살펴보겠습니다. 발효공정의 일반적인 주요 가치사슬을 거치는데요(자료 17), 우선, (1) 이산화탄소(CO_2)를 포집합니다. 직접 공기에서 혹은 CO_2를 방출하는 산업에서 얻습니다. (2) 물은 전기분해를 통해 수소(H_2)와 산소(O_2)로 분리합니다. 전기는 태양열과 풍력 등의 재생에너지를 사용하고요. (3) 분리한 H_2는 공기 중의 질소(N_2)와 결합시켜 암모니아(NH_3)를 생성합니다. (4) 이제 생물반응기에 생성한 CO_2, O_2, NH_3, 그리고 미생물과 미네랄 등의 영양분을 투입합니다. 그러면 반응기 안에서 가스발효가 진행되죠. (5) 반응기에서 충분히 성장한 미생물을 수확해 건조 처리하면 분말형태의 단백질인 솔레인이 탄생합니다.

솔레인 추출물은 단백질(65~70%) 외에도, 식이 섬유(10~15%), 지방(5~8%), 미네랄과 비타민(3~5%)를 함유합니다. 100g당 385kcal의 에너지를 내고요. 이는 다양한 식품에 응용됩니다. 육

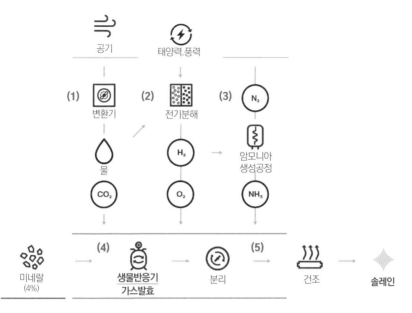

공기

태양력.풍력

(1) 변환기

(2) 전기분해

(3) N_2

물

H_2

암모니아 생성공정

CO_2

O_2

NH_3

미네랄 (4%)

(4) 생물반응기 가스발효

분리

(5) 건조

솔레인

〈자료 17〉 가스발효공정과정
출처: solar foods

류 단백질 대체품, 고단백 영양 보충제, 동물사료 등 기존 단백질의 역할을 대체할 수 있죠. 실제로 아이스크림, 비스킷, 파스타, 소스나 빵 등에 사용되고 있고요. 이 응용 프로그램은 지속 가능하고 효율적인 단백질 공급원을 제공함으로써 농업 및 식품산업을 변화시킬 수 있는 엄청난 잠재력을 가지고 있다고 평가됩니다. 관계자들 사이에서는 10여 년 안에 콩과 가격 경쟁을 벌일 수 있다고까지 회자되고 있습니다.

2024년 4월, 많은 기대를 모았던 세계 최초의 대규모 공기 단백질 생산 시설, Factory 01이 문을 열었습니다. 이제 솔라푸즈는 연간 최대 160톤의 단백질을 생산할 수 있게 되었죠. 이는 소 300

마리가 농장에서 생산하는 단백질과 동일한 양입니다. 그런데 솔레인이 다목적 단백질을 생성하는 데 사용되는 미생물 발효의 유일한 사례는 아닙니다. 뉴욕의 르베르나르당(Le Bernardin) 식당은 40여 년째 해산물 요리로 명성이 자자한데요, 이 식당의 달콤한 디저트 위의 풍성한 크림 치즈는 Fy가 원재료입니다. 누구보다도 식당 주인 미쉐린 3스타 에릭 리퍼트Eric Ripert가 맛있다고 극찬하는 Fy는, 옐로스톤 국립공원의 화산 지열촌에서 발견한 곰팡이 미생물(Fusarium, 푸사륨 균주)이 발효한 단백질입니다. 2021년에 유니콘 기업으로 등록한 네이처 파인드(미국, 2012)가 개발했고요. SK(주)가 일찍이 2012년 이곳에 투자해서 국내에 소개된 바 있습니다.

 그렇다면, 발효가 무엇인가요? 인류역사에서 과학을 이해하기 훨씬 이전인 신석기시대부터 우리는 음식을 자연 발효시켜왔습니다. 세상에서 가장 오래된 식품가공법인 셈이죠. 19세기 중반에 이르러서야 미생물학자 루이 파스퇴르Louis Pasteur 박사가 발효에서 미생물의 역할을 발견합니다. 이러한 과학적 발견에 따라 발효가 소화 증진뿐만 아니라 음식의 향미를 더하고, 유익한 균을 생성함으로써 장(腸) 건강에 도움이 되는 동시에, 발효 음식은 저장 기간이 길어진다는 특성을 알게 된 것입니다. 이러한 특성을 통해 발효가 푸드테크와 만나는 계기가 되었는데요, 필요한 미생물을 인위적으로 배양해서 발효를 생성하는 산업발효의 시작점이 된 것입니다. 발효는 대체 단백질 분야에서 현격한 공을 세우고 있습니다. 현재 3가지 발효기법이 활용되고 있죠. 과거 유산 그대로인 전통발효, 특정한 영양소 혹은 맛을 내는 정밀발효, 그리고 다량의 단백질 생성이 가능한 바이오매스 발효가 그것입니다.

전통적인 발효는 천연 미생물을 사용해 원재료인 식물성분의 맛이나 기능성을 변화시킵니다. 포도가 와인으로, 우유가 치즈로 변형되는 것처럼 수세기 동안 이어져온 오래된 관행이죠. 근래 대체식품업계에서 청크푸드(이스라엘, 2020), 플래니테리언(미국, 2013)은 이 기법으로 덩어리(whole-cut) 식물성 대체육을 만듭니다.

바이오매스 발효는 미생물의 빠른 성장과 단백질이 풍부한 특성을 활용합니다. 많은 양의 단백질을 생산하기 위한 가장 효율적인 방법 중 하나죠. 1980년대부터 대규모로 산업화되었고, 앞서 소개한 솔라푸즈가 사용하는 발효기법입니다. 흥미로운 점은 이 과정을 통해 번식하는 미생물 자체가 대체 단백질의 성분이 되는 것인데요, 여기서 미생물은 매우 빠르게 번식하고 성장합니다. 동물은 몇 년을 키워야 하고, 식물은 몇 달을 길러야 하는 데 비해 미생물의 배가 시간은 겨우 몇 시간이죠. 생물반응기 또한 매우 공간 효율적입니다. 반응기 시설 규모가 확장되면 발효를 통해 매시간마다 수만 톤의 바이오매스가 생산됩니다. 솔라푸즈의 Factory 1에 구축 자금이 급속도록 몰린 이유입니다. 이들 유기체 중 상당수는 단백질 함량이 엄청나게 높고요. 단백질 함량이 건조 중량 기준 50% 이상으로, 일반 소고기의 함량 25% 경우와 비교됩니다.

정밀발효는 미생물을 이용해 특정 기능성 성분을 생산하는 것입니다. 천연 미생물에 의존하는 것이 아니라, 선택된 미생물의

DNA를 조정해 자연적으로 생성되지 않는 특정 분자를 생성하는 것을 포함합니다. 특정 단백질, 효소, 향미 분자, 비타민, 색소 및 지방 등을 생산할 수 있죠. 때문에 식물기반 대체육이나 세포배양육의 감각적 혹은 기능적 특성을 개선하는 고부가가치 성분을 만드는 데 유리합니다. 식물기반 측면에서, 퍼펙트데이(미국, 2014)와 리밀크(이스라엘, 2019)가 개발한 정밀발효 유청 단백질이 단백질 파우더, 아이스크림, 초콜릿, 크림 치즈, 최근에는 우유 등 다양한 소비재에 사용되고 있습니다. 임파서블 푸드의 정밀발효 헴(Heme)은 식물성 햄버거 패티에게 육즙을 선사했고요. 재배육 측면에서는 정밀발효가 특히 세포배양 배지의 영양분과 성장인자를 효율적으로 생산하는 데 도움이 될 수 있습니다. 발효를 통해 생산된 콜라겐(Collagen, 동물 섬유질조직 단백질)이나 피브로넥틴(Fibronectin, 동물세포막 표면 단백질)과 같은 단백질은 보다 복잡한 재배 육류 제품을 위한 비동물성 비계(飛階, scaffold)의 주요 구성요소 역할을 할 수 있고요.

자연이 인간에게 준 선물은 대단합니다. 화산 지천에서, 공기에서, 폐수에서, 자연의 어디에서든 미생물이 발견됩니다. 식품 및 산업생명공학 분야에서 미생물 발효연구의 오랜 역사에도 불구하고, 혁신에 대한 잠재력은 마직 미개척 상태라고 볼 수 있을 정도죠. 미생물의 광대한 다양성이 주는 기회에, 인공 혁신기술이 적극적으로 접목되고 있습니다. 생명공학 산업 리더들이 발효를 '농업 2.0'이라 부르는 이유를 이해할 필요가 있습니다.

3) 세포배양기반 미래식품의 테크적 특징

3억 원짜리 최초의 세포배양 버거 패티를 만든 지 10년이 지났습니다
세포성장과 증식에 필요한 조건을 제공하는
'작은' 생물반응기를 사용했었습니다
그 후 기술의 발전에도 불구하고 여전히 대량생산은 어렵습니다
'큰' 생물반응기가 없습니다
그러나…, 그리고…

2023년 6월 미국 농무부(USDA)는 세포배양육 개발업체인 업사이드푸드(Upside Foods)와 잇저스트(Eat Just)의 첫 번째 제품, 닭고기 대체육에 대해 상업적 이용을 승인했습니다. 잇저스트의 동일한 제품에 대해 2020년 12월 싱가포르 식약처가 세계 최초로 배양육 제품을 판매 승인한 이후, 두 번째 승인 소식입니다. 하지만 업계의 환호에도 불구하고 일반 소비자가 가까운 미래에 이러한 제품에 접근할 수 있을지는 미지수입니다. 싱가포르에서 출시 당시, 배양 너겟 한 조각이 S\$23(약 2.3만 원)이었죠. 이 제품을 선택한 미국 미쉐린 스타 셰프 식당이 시식 메뉴 가격을 1인당 U\$350~500(약 45만~65만 원)으로 책정했고요.

상품의 가격이 낮아지려면 대량생산이 이루어지면 됩니다. 그런데 실제로 전문가들은 2030년까지 육류 생산 및 소비에 실질적인 영향을 미치는 것을 포함해 세포배양육의 가용성 및 영향에 대해 열광하던 초기의 낙관적인 예측을 점차적으로 하향 조정하기 시작했습니다. 왜 그럴까요? 혁신기술이 넘쳐나는데 개발에 무슨

걸림돌이 있는 걸까요? 드러난 원인은 세포를 크게 식용으로 배양할 만한 규모의 생물반응기(bioreactor)가 없다는 데 있습니다. 생물반응기가 어떤 작업을 수행하길래 희망을 품기 어렵다는 분석이 있을까요?

세포배양육 생산에서 생물반응기가 수행하는 역할을 파악하려면 배양과정을 이해하는 것이 우선입니다(자료 18). 그 과정을 요약해보겠습니다. (1) 첫 번째 단계는 고기를 재배하는 데 사용할 동물을 선택하고 해당 동물에서 필요한 줄기세포를 추출합니다. (2) 다음으로, 세포가 성장할 수 있는 최적의 조건을 제공하는 배양기인 생물반응기에서 세포를 분리하고 확장합니다. 여기에는 온도를 제어하는 가열 및 냉각 시스템, 영양분과 산소를 전달하고 폐기물을 제거하는 배관, 환경을 모니터링하고 pH 및 산소 등을 측정하는 센서 시스템이 있습니다. 그리고 생물반응기에 세포가 복제되고 증식하는 데 도움이 되는 성장 배지(medium)와 산소를 공급합니다. (3) 배양된 세포를 더 큰 생물반응기로 옮겨서 세포가 충분한 밀도에 도달하게 합니다. 이제 세포들은 원심분리기를 통과해 근육, 지방, 고기를 구성하는 결합조직으로 분화하도록 유도됩니다. (4) 마지막 생산단계는 식품가공입니다.

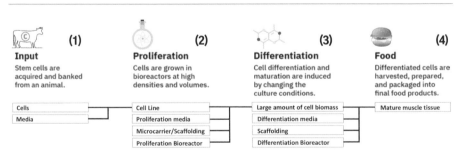

Input (1)	**Proliferation** (2)	**Differentiation** (3)	**Food** (4)
Stem cells are acquired and banked from an animal.	Cells are grown in bioreactors at high densities and volumes.	Cell differentiation and maturation are induced by changing the culture conditions.	Differentiated cells are harvested, prepared, and packaged into final food products.
Cells	Cell Line	Large amount of cell biomass	Mature muscle tissue
Media	Proliferation media	Differentiation media	
	Microcarrier/Scaffolding	Scaffolding	
	Proliferation Bioreactor	Differentiation Bioreactor	

〈자료 18〉 세포배양육 공정과정
출처: GFI

일련의 과정을 보면, 결국 세포배양기는 동물 내 자궁으로 이해합니다. 의학계에서도 모두 알지 못하는 신비에 가까운 동물의 장기를 인위적으로 만들어야 하는 것입니다. 물론 치료약을 위한 제약급 반응기까지는 발달되어 있습니다. 덕분에 10년 전 프랑켄슈타인 버거 패티가 만들어졌죠. 제약급 반응기는 25리터면 충분합니다. 하지만 식량용의 상업생산은 50,000리터 이상의 규모를 요구하는데요, 현재는 1,000리터 미만의 파일럿 규모까지 개발된 상태라고 알려져 있습니다(자료 19). 최근 산업 데이터(GFI 2024 04)에 의하면, 전 세계적으로 174개 배양육 기업과 57개 생물반응기 개발 기업이 활동하고 있습니다. 배양육 분야에 앞서 줄기세포 생물학, 조직 공학, 발효, 화학 및 생물 공정 공학 분야에서 수십 년간 축적된 관련 지식도 있죠. 전 세계적으로 수백 개의 기업과 학술 연구소가 산업 규모에서 범용 육류 제품을 제조하기 위한 새로운 패러다임을 확립하기 위해 이러한 분야에 걸쳐 연구를 수행하고 있고요. 이렇게 시장이 귀를 기울이고 있습니다만, 최적화된 생물반응기의 공급과 재배육에 대한 수요증가 사이의 격차를 해소할 개발 비용을 감안하면, 10년이 최대 감내할 수 있는 시간이라는 것이 전문가들의 추정치입니다.

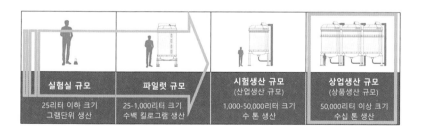

〈자료 19〉 생물반응기 규모별 단계
출처: GFI

조금 걱정을 더하면, 대규모 생물반응기 공급만이 장기 솔루션이 아닙니다. 배양육 스타트업은 또한 혈청이 없는 배지에서 세포를 성장시켜야 하는 과제에 직면해 있습니다. 이 또한 쉽지만은 않을 것입니다. 솔직하게 말씀드리면, 잇저스트가 배양육 판매를 승인받았을 때 업계는 엄청난 변화에 대해 환영했지만, 여전히 소량의 소태아 혈청을 생산에 사용한 점이 불안했죠. 배양육 회사가 성공하려면 혈청 없이 대량의 제품을 생산할 수 있는 방법을 찾아야 합니다. 혈청 사용으로 생기는 이슈는 이렇습니다. 혈청의 구성요소가 소의 종류별로 각기 다르기에 품질관리의 어려움과 실험적 재현 불가능성을 초래합니다. 아울러 혈청 추출과정에서 유래되는 오염문제, 전 세계적으로 증가하는 세포 및 줄기세포 연구로 인한 혈청의 제한된 공급량, 그리고 윤리적인 문제를 수반합니다. 그래서 무혈청 배지 연구도 활발합니다만, 현재로서 무혈청 배지는 비용이 많이 드는 단점이 있습니다. 이를 사용하면 배양육 가격이 킬로그램당 20,000달러(약 2,600만 원) 이상으로 올라갈 수 있습니다(CE Delft, 2023).

이와 같은 어려움은 업계의 움직임에서도 읽을 수 있습니다. 미국에서 배양육 판매 승인을 받은 업사이드푸드는 일찍이 2018년, 배양과정에서 세포복제 능력을 확장하기 위해 CRISPR(유전자 편집) 사용 관련 특허를 받았습니다. CRISPR은 앞서 소개드린 대로 GMO에 이은 차세대 유전자 조작 및 편집기술입니다. 이 기업은 이후에도 유전공학 및 배양육에 관련된 수많은 특허를 지속적으로 출원하면서 제품 개발을 촉진하고 강화하는 방법을 모색하고 있고요. 한편 배양육 개발 후발업체 시피푸드(미국, 2019)가 2022

년 7월, 유전공학을 활용해 배양육 생산비용을 1,000배 줄일 수 있다고도 발표했습니다. 이 업체는 2024년 말까지 샌프란시스코 베이지역에 파일럿 공장을 열 계획도 밝혔죠. 혁신기술을 보다 활성화하거나 상용화에 필요한 규모 확대를 촉진하기 위한 업계의 일련의 동향은 이 부분 선발업체인 잇저스트의 행보에서 더 뚜렷해집니다.

잇저스트는 배양육 대량생산을 위해 250,000리터 규모의 생물반응기 10개를 배치하려는 대규모 공장 건설 계획을 수정했습니다. 이와 관련한 자금 조달도 시도하지 않고 있고요. 이들의 대체너겟이 미국에서도 판매 승인을 받았지만 미국에서는 아직 판매하지 않고, 싱가포르에서만 확대해서 계속 판매하겠다고 합니다. 무슨 일이 있는 걸까요? 녹두기반 대체계란의 맛있는 개발과 성공적인 판매에 이어 세계 최초 배양육 승인에 이르기까지, 대체식품업계의 모범업체인 잇저스트가 어떤 심오한 전략을 품고 있는 걸까요? 이들의 이유는 명백합니다. 대규모 공장 건설 대신에 새로운 CRISPR 지원 세포주를 개발하는 데 중점을 두겠다고 합니다. 대규모 공장에 대한 작업을 진행하면서 자본 지출비용과 운영비용(10억 달러 이상)이 회사와 업계가 합리적이라고 생각했던 것(애초에는 2억 달러 미만)보다 훨씬 높다는 것을 깨달았기 때문입니다. 이에 배양육의 수익성 있는 대규모 생산을 위해 효율성을 높일 수 있는 새로운 비즈니스 모델로 전환할 수밖에 없었던 것입니다.

그렇다면 세포배양육도 결국 GMO가 정답일까요? 과학의 속성상 어제는 맞고 오늘은 틀릴 수 있습니다만, 앞서 많은 페이지도 GMO에 할애되었죠. 확실하고 공개적으로 접근 가능한 과학이 지속적으로 옳다고 증명할 때까지 배양육 사업은 여전히 도박일지도 모릅니다. 이것이 우리가 취하고 싶은 기회인지 자문해봐야 합니다. 우리는, 가능한 한 빠른 속도로 확장하는 방법론과 우리가 선택한 기술이 올바른지 확인하는 검증과 감시 사이에서 균형을 찾아야 합니다.

4) 식용곤충기반 미래식품의 테크적 특징

장과 뇌의 연결(Gut-Brain Axis)은 장 건강의 필요성을 역설합니다
면역세포의 70~80%가 서식하는 장의 건강은 매우 중요합니다
글로벌 제약회사가 모두 장에 집중하고 있다 해도 과언이 아닙니다
식용곤충의 키틴 섬유질이 장을 건강하게 합니다
식용곤충을 기꺼이 섭취할까요?

갑각류, 거미류, 곰팡이, 해조류, 곤충의 공통점은 무엇일까요? 모두 키틴(Chitin)이라는 놀라운 물질을 함유하고 있다는 점입니다. 키틴은 불용성 섬유질의 환상적인 공급원입니다. 실제로 키틴을 섭취하면 장내 프리바이오틱스 역할로 장 건강에 도움이 되고, 항산화, 항염증 특성의 제공으로 항암을 활성화합니다. 또한 혈중 콜레스테롤 수치를 낮추고, 인슐린 민감성을 지원해 당뇨병 위험을 줄이는 데 도움이 되고요. 키틴 외에도 곤충은 강력한 영양소 그 자체입니다. 완전한 단백질 공급원이며 철, 아연, 마그네슘, 인,

비타민 B, 아미노산, 오메가-3 및 오메가-6 지방산이 풍부합니다. 다른 동물과 비교해도 비슷하거나 더 높은 영양 프로필을 갖고 있는 것이 연구 결과죠. 대체식품 내에서도 곤충의 성능은 월등합니다. 식용곤충 단백질은 식물성 단백질만큼 지속 가능하고 동물성 단백질만큼 영양가가 높습니다.

이런 건강한 장점으로 말미암아 식용곤충은 일부 항암제에 사용되거나 병원 환자식으로 유익하게 활용되어 왔습니다. 더구나 2013년 FAO가 곤충을 사료용 이외 식용으로 인정했고, 전 세계적으로 20억 명의 사람들이 이미 매일 2,000종 이상의 식용곤충을 섭취하고 있습니다. 그럼에도 불구하고 소비자들, 특히 서구의 사람들이 이 유망한 요리를 즐거움으로 받아들일 수 있을까요?

곤충은 환경적, 경제적 이점 또한 훌륭합니다. 곤충사육은 소고기 생산에 필요한 토지의 약 1/8을 사용하므로 폐기물과 탄소 배출량이 적습니다(1kg 생산 시, 소 3kg vs. 갈색저거리 7.6g). 사료효율도 높죠(1kg 생산 시, 소 8kg vs. 귀뚜라미 1.3kg). 더구나 곤충 유충은 농업용 바이오 폐기물과 음식물 쓰레기를 섭취하고, 이를 체내 단백질과 지방으로 전환하는 순환 경제적 동물입니다. 이러한 환경적 장점에도 불구하고, 사람들은 불편한 요인을 극복할 수 있을까요?

곤충을 먹는 것에 대한 혐오감은 문화적, 사회적 규범에 깊이 뿌리 박혀 있습니다.
결국 우리의 강력한 문화적 저항이 환경, 건강, 경제적 이점에도 불구하고, 식용곤충을 식탁 위로 끝내 올리지 못했습니다. 이미 큰 성과의 맛을 보지 못한 투자자들이 곤충사육자들에게 요구합니다. 대규모 시설에 자금을 지원하기 전에 고객으로부터 구매계약을 받아야 한다고요. 그럼에도 불구하고 시장은 선순환방향으로 흘러야 합니다. 타이슨푸드, 카길, ADM, 지멘스 등 대규모 식품 및 농업 회사의 협업을 얻은 관련 혁신 스타트업들이 동물 사료 그리고 고부가 애완동물사료 개발에 집중하고 있습니다. 수직농업으로 인한 자동화 생산공정에 들어가고 있고요. 몇몇 신생기업은 매우 과감합니다. FGF2(섬유아세포 성장인자)에서 트랜스페린(혈장 내 철분 전달기전)까지 값비싼 단백질을 만들기 위해 유전자 조작 초파리를 활용하며, 생물농약, 기능식품, 생물약제 제품을 만들기 위해 곤충의 또 다른 잠재력을 탐구하고 있죠. 다른 한편에서는 곤충의 멜라닌과 키토산을 이용해 의료, 전자제품 등 고부가가치 시장을 공략하고 있습니다.

여기서 그리고 지금, 우리가 미래식품을 운운하는 이유는 명확합니다. 식용곤충을 단지 하나의 건강한 성분으로 간주하고, 이를 음식으로 섭취하면 생존과 건강을 유지할 수 있다는 점을 인식하는 것이 중요합니다. 식용곤충을 꼭 먹어볼 필요는 없지만, 이를 식단에 포함하면 건강상 이점이 많으며 환경에도 좋다는 점에 우리는 동의할 수 있습니다.

5) 하이브리드 기반 미래식품의 테크적 특징

육즙도 영양도 가득한, 맛있는 콩고기,
작은 힘도 모으면 큰 결과를 얻을 수 있습니다
빨리 가려면 혼자가고 멀리 가려면 함께 갑시다

결국 대체 단백질 업계가 식물기반, 발효기반, 세포배양 기술을 서로 대립시키는 방식에서 벗어났습니다. 식물기반, 발효기반 및 세포배양 대체식품을 3가지 별개의 범주가 아니라 교집합과 합집합이 존재하는 벤 다이어그램으로 생각하기 시작했고요. 각각의 기술이 그 장점을 표출하고 이를 결합해서 단백질 제제 및 생산 방법을 최적화하고 있습니다. 배경이 이렇습니다. 대체식품 초기 시장에서 식물기반 대체육이 널리 보급되고, 최근에는 세포배양육이 소매점에 도입되고 있음에도 불구하고, 소비자의 반응은 여전히 회의적이었습니다. 육류에 못 미치는 식물기반 대체육의 맛과 세포배양육의 높은 가격대는 소비자 불만의 대상이었죠. 세번째 옵션이 있다면 어떨까요? 이러한 소비자 문제를 해결하면서 영양이 풍부한 대체육이 등장한 배경입니다. 아직까지 공식단어는 아니지만 '하이브리드 대체육'이라 불리우고 있고요(자료 20).

하이브리드 대체육을 가능하게 한 혁신은 무엇일까요? 우선, 지방 유사체로 식물기반 대체육의 육즙과 식감을 만들어 보겠습니다. 지방은 육류 및 유제품과 같은 기존 동물성 단백질의 중요한 부분으로 육류 특유의 질감, 향, 육즙, 맛을 더하는 역할을 합니다. 그런데 지방을 제거한 콩으로 만들어서 텁텁해진 식물 대체육은,

고기 맛을 내는 지방의 맛이 필요하겠죠. 따라서 업계에서는 무엇보다도 건강에 유익한 대체 지방을 지속적으로 모색해왔습니다. 식물기반 대체육의 선도 주자였던 임파서블 푸드의 발효 유래 헴(Heme)이 대표적인 대체 지방 유사체입니다. 콩 뿌리에서 채취한 DNA를 삽입한 유전자 조작 효모를 발효해서 만든 헴이 육류의 맛과 색상, 그리고 육즙을 재현했죠. 근래에 국내 스타트업 에이치엔노바테크(HN Novatech)가 해초에서 헴 성분을 추출했고요. 발효 유래 지방 및 배양 지방은 동물성 지방의 분자 구조를 식물성 지방보다 더 유사하게 모방할 수 있는 잠재력을 가지고 있기 때문인데요, 업스트림 푸드(네덜란드, 2022)가 식물성 대체 해산물 제품의 맛을 향상시키기 위해 연어 세포에서 배양 지방을 제조하는 것도 한 사례입니다.

지방이 빠진 식물기반 대체육은 점도(粘度)도 부족합니다. 그래서 고도로 합성된 화합물, 메틸셀룰로오스(methyl cellulose)가 결합제와 질감 처리제로 그 역할을 해왔죠. 그런데 이것도 첨가물이네요. 이러한 첨가물이 많이 들어간 초가공식품에서 벗어나려는 혁신적인 노력이 건강한 결과를 가져왔습니다. 근래에 조류(藻類, algae)가 일부 대안으로서 결합 특성을 제공할 뿐 아니라 단백질, 오메가-3 지방산, 비타민, 미네랄이 풍부해서 영양 프로필을 향상시킵니다. 또한 자연에서 채취한 대나무, 감귤류, 귀리 섬유가 천연 결합제 기능과 질감을 부여합니다.

이제 조합의 문제가 남았습니다. 하이브리드 대체육이 기존 동물성 단백질의 친숙한 맛과 느낌 그리고 현대 과학이라는 2가지 장점을 결합해서 전통적 요소와 대체 요소 간의 조화로운 균형을 보장합니다. 임파서블 푸드의 햄버거 패티(식물기반 단백질+발효지방), 굿미트의 배양너겟(식물기반 단백질+배양육) 등의 상용화 제품 이외에도 많은 식품기업 및 스타트업이 다양한 수단을 이용해서 제품을 최적화하는 개발에 한창입니다.

환경에 미치는 영향을 완화하면서 증가하는 세계인구에게 식량을 공급해야 하는 과제를 해결하기 위해 식품산업이 고군분투하고 있는 가운데, 하이브리드 대체육이 실행 가능하고 매력적인 옵션으로 떠오르고 있습니다. 하이브리드 대체육이 육류 소비를 줄이고 싶지만 좋아하는 육류 요리를 완전히 포기할 준비가 되지 않은 소비자에게 솔루션을 제공할 수 있기 때문입니다. 기존의 육류에서 기대하는 맛과 질감을 제공하는 동시에 건강과 환경적 이점을 누릴 수 있죠. 육류 제품보다 지방, 콜레스테롤 및 칼로리가 적게 배합되었을 뿐 아니라 전통적인 고기처럼 단백질과 식이 섬유도 풍부합니다. 아울러 기존 육류 생산보다 탄소배출량이 적고요. 예를 들어, 100억 개의 버거 패티에서 소고기의 30%를 버섯으로 바꾸면, 그만큼의 소 사육에서 기인한 온실가스 배출, 토지 이용 및 물 사용을 크게 줄일 수 있죠. 식품생산에 사용되는 동물의 수 또한 효과적으로 줄일 수 있고요.

이렇게 하이브리드 대체육은 더 고기 같은 맛과 질감, 더 나은 영양, 더 낮은 온실가스 배출, 육류 소비 감소, 세포배양육보다 저렴한 가격 등 다양한 이점을 제공하면서, 빠르게 진화하는 식품기술 환경에서 전통적인 육류와 식물성 대체육을 잇는 강력한 가

교로 부상한 것이죠 그렇다면 하이브리드 대체육은 세계적으로 증가하는 육류 식욕에 대한 지속 가능한 해결책이 될까요? 그 무엇보다도 대체 단백질 환경에서 단일 승자를 찾기보다는 여러 기술을 통해 활용되는 다양한 단백질 공급원이 고유한 기능과 이점을 제공한다는 점이 중요한 포인트입니다. 단백질 다양성을 수용함으로써 우리는 다양한 소비자 선호도, 식이 요법 요구 사항 및 요리 응용 분야에 맞는 다양한 대체 단백질 제품도 개발할 여지가 있고요.

이와 같은 접근 방식은 높은 생산비용과 규제 장벽을 극복하고 지속 가능한 단백질 생산의 새로운 시대를 열어야 하는 우선의 필요성에 의해 추진될 수 있습니다. 이러한 접점들이 조화롭게 공존해서 포괄적인 단백질 생태계를 조성해야 합니다.

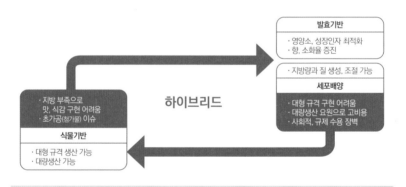

〈자료 20〉 하이브리드 대체육 공정과정
출처: 필자 작성

6) 새로운 단백질의 테크적 특징

쌀에서, 필요한 모든 영양소를 얻을 수 있다면 어떨까요?
쌀이 소고기를 만나서 'Meaty Rice(소고기 쌀)'로 변신

전 세계에 식용식물은 5만 종이 넘습니다. 하지만 실제로 세계의 음식 에너지(칼로리) 섭취량은 단지 몇 가지 작물에 의해 충족되죠. 심지어 이 중 2/3가 겨우 쌀, 옥수수, 밀의 3가지 종이 차지합니다. 이들이 내는 에너지는 거의 절반 이상이고요. 쌀과 밀은밥, 떡, 국수, 만두, 빵, 파스타, 또르띠야, 시리얼 등 주식의 주재료죠. 옥수수의 활용 사례는 앞서 보았습니다. 이렇게 몇 가지 주요 작물에 의존하고 있는 식품산업에서, 세계를 먹여 살릴 새로운 식물을 찾는 데 대한 관심은 높아질 수밖에 없습니다. 인류역사에 있어 단일 작물 혹은 단일 품종 재배로 인한 폐해는 충분히경험했기 때문이기도 하죠. 1850년 당시 인구의 75%(800만 명 중600만 명)를 잃게 한 아일랜드 감자 기근은 잘 알려진 사례입니다.170여 년이 지난 지금의 인구가 기근 전 대비 65%(517만 명) 정도회복했을 뿐입니다. 금사과로 불리워진 국내 사과 값 폭등의 원인 중 하나이기도 하고요. 이에 더해 러-우크라이나 전쟁으로 전세계는 밀의 공급망 위기에 대한 대응책도 고심 중에 있습니다.

회복력 있는 식품 시스템 인프라를 구축하는 것은 식량안보와지속 가능성을 보장하는 데 필수적입니다. 대체 단백질을 별개의기술 스택으로 분류하는 대신 단백질 다양성을 육성하는 데 초점을 맞춰 넓은 의미의 미래식품으로 구축하려는 노력 또한 같은 맥락입니다. 전술한 하이브리드 대체육도 좋은 예죠. 이렇게 함으로써 우리는 동물 유래 단백질에 대한 의존도를 줄일 수 있습니다.

때마침 혁신기술이 의미심장한 뉴스를 가져왔습니다(Matter, 2024). '고기가 들어 있는 쌀'을 개발했다고 하네요(자료 21). 쌀에 동물의 근육과 지방세포를 심은 것인데요, 쌀이 다공성(多孔性)이고 내부 구조가 풍부하기 때문에, 쌀에서 동물세포가 동물 내에서와 유사한 방식으로 성장했습니다. 쌀 표면에 코팅한 젤라틴(생선 발효)이 세포배양 배지의 역할을 했고요. 소의 세포가 배양된 쌀은 마치 GMO처럼 들릴 수 있지만, 식물(쌀)이나 동물(소고기 세포)의 DNA에 변화가 없습니다. 이보다 앞서 콩과 견과류는 동물 세포배양에 사용된 최초의 식품이지만, 일반적인 알레르기 유발 곡물이고 쌀만큼 세포 보유 잠재력이 없어서 유용성이 제한적이었죠. 결과적으로 단 11일 동안의 배양으로 탄생한, 이른바 '소고기쌀(Meaty Rice)'은 일반 쌀보다 단백질이 8%, 지방이 7% 더 많습니다. 생산방식은 자연스럽게 탄소 발자국이 적고요. 현재 소고기 쌀의 영양학적 이득은 적지만, 개발자인 연세대학교 화공생명공학과 연구진이 추가 최적화를 통해 더 많은 세포와 더 많은 단백질을 담을 수 있다고 합니다.

소고기 쌀은 육류 대비 저렴하고 환경 친화적인 단백질 공급원을 제공할 수 있는 새로운 유형의 하이브리드 식품입니다. 학계와 식품 시장이 상용화 가능성에 대한 열정적인 기대와 함께 잠재적인 미래 육류 대안으로 주시하고 있습니다. 아울러 이러한 연구의 결과는 다양한 유형의 미래 하이브리드 식품을 만드는 데 실현 가능한 아이디어를 제공한다는 측면에서 주목할 만합니다.

콩을, 동물성 단백질로서 직접 섭취하면 어떨까요?
가축사료를 통한 간접 섭취 말고요
대두가 돼지를 만나서 'Piggy Sooy™(돼지대두)'로 변신

붉은 육류의 선호색을 띠는 또 하나의 혁신적 작물이 세상에 출현했습니다. 이번에는 쌀이 아니고 대두인데요, 분자농업 식품성분 개발의 선구자인 물랙이 '돼지대두(Piggy Sooy)'라는 이름의 시그니처 대두 내에서 돼지고기를 재배했습니다. 돼지 단백질을 GMO를 통해 대두에 삽입했죠. 그리고 재배하는 돼지고기 단백질의 비율을 높이는 데 진전을 이루었습니다. 천연 작물에 함유된 돼지고기 단백질의 양이 상당히 높은 것은 콩이 분홍색으로 변한 것으로도 알 수 있습니다(자료 21). 단백질 양이 회사가 당초 예상했던 것보다 4배 높은, 26.6% 수준까지 도달했다고 합니다.

분자농업(Molecular Farming)은 유전공학적 기술을 통해 작물에서 유용한 고부가의 물질을 대량으로 재배해서 수확합니다. 기존 농업이 작물 자체를 재배하는 반면, 분자농업은 특정물질 재배에 목적을 두고 있다는 특징을 가지고 있죠. 일반적인 GMO가 식물 자체의 생산성 및 기능성을 높였다면, 분자농업은 식물을 이용해 다른 물질을 생산하는 점에서 차이가 있고요. 돼지대두의 이러한 유전자 조작에 대해서, 다행스럽게도 2023년 말 미국 농무부의 동식물 건강검사 서비스(USDA APHIS)가 규제상태 검토(RSR)를 완료했습니다. 이는 유전자 조작 대두가 비 조작 대두에 비해 식물 해충 위험을 증가시킬 가능성이 낮다는 의미입니다. 따라서 돼지대두는 이동의 자유를 보장받았죠. 본국 아르헨티나에서 넘어와 미국 내 3곳에서 재배 실험 중입니다. 그리고 상업적 활용을 위해 미국 식약처(FDA)와 협력 중입니다. 지금은 돼지에 이어 소고기를 완두에 배양하는 실험을 하고 있고요.

분자농업의 특성상, 물랙(Moolec Science)은 푸드테크 가치사슬의 시작 부분에 있습니다. 식품의 원재료를 개발하는 위치죠. 첨단 기술을 활용해 식물의 최대 가치를 생성할 수 있다는 의미입니다. 원작물에 더 높은 수준의 영양을 가진 성분 삽입으로 실제 고기와 동일한 철분 함량, 맛 및 색상을 구현할 수 있기 때문에, 결과적으로 식품가공업체는 도축장의 실제 고기뿐만 아니라 착색제와 향미료에 사용되는 첨가제의 일부 또는 전체를 대체 가능하게도 할 것입니다.

기술혁신에 힘입은 놀라운 식품개발임에 틀림없습니다. 이즈음에서 이들이 미래식품의 대안이 될 수 있다는 기대를 안고, 경제적 효율성과 환경 측면에서 고려해보겠습니다. 기존 농업은 돼지에게 먹일 사료로 콩을 재배하고 있습니다. 대략 1에이커(약 1,224평)에서 재배되는 콩의 양이 가축용 돼지 10마리를 먹일 수 있죠. 돼지 10마리 사육에는 60,000리터 이상의 물이 필요하고, 이 과정에서 약 550kg의 이산화탄소가 배출되는 것으로 추산되고요. 한편 1에이커에서 돼지대두를 재배한다면, 잠재적으로 10마리에 해당하는 돼지고기 단백질을 생산할 수 있습니다. 이를 생산하기 위해 추가적으로 물이 필요하지 않으며 이산화탄소도 추가 배출하지 않습니다.

경제범위를 넓혀보죠. 세계 육류 시장은 1조 달러 규모입니다. 이 중 70%가 가축사료로 쓰이는 대두, 그리고 가공 육류 제품의 고기 증량제 또는 충전재로 사용되는 성분으로 쓰이는 대두 단백질에 소비됩니다. 7,000억 달러에 이르는 거대한 시장을 대두가 차지하고 있는 것입니다. 더구나 이러한 대두 단백질 성분은 육류와 비교해볼 때 맛이나 질감 같은 고기 특성을 내포하지 않기에, 대체육으로 가공 시 고기 특성을 재현하기 위해 앞서 지적했던 착색제 및 향료 그리고 화학물질 등의 추가성분을 첨가해야 하죠. 반면에 돼지대두는 원작물 재배 시 필요성분을 삽입할 수 있으므로 추가성분 첨가는 불필요합니다.

이러한 경제성과 친환경의 이점을 가진 분자농업 작물의 기술적 접근 방식은 동물성 단백질의 영양 및 기능성에 비해 매우 효율적입니다. 기업의 상용화 측면에서, 전 세계가 동물성 단백질을 생산하는 방식을 재정의해볼 모멘트입니다.

우리가 늘 섭취하는 수생식물 단백질은 어떨까요?
동·식물성 단백질보다 영양학적으로 우수하고 알레르기 유발 물질이 없어요
수생식물 단백질, 'RuBisCO(루비스코)'의 재발견

식물은 광합성을 통해 빛으로 에너지를 만듭니다. 이 과정 중 이산화탄소가 포도당으로 바뀌는 첫 번째 단계를 담당하는 효소 단백질이 바로 루비스코(RuBisCO)입니다. 모든 녹색 식물은 광합성을 하기 때문에, 모두 루비스코를 함유하고 있죠. 시금치부터 케일, 상추, 그리고 김, 미역, 다시마 등의 녹조류까지, 우리는 자신도 모르게 평생 동안 루비스코를 먹어 온 셈입니다. 그렇다면 왜 우리는 지구에서 가장 흔하고 풍부한 단백질 공급원에 대해 더 많이 들어보지 못했을까요? 마치 공기의 고마움을 모르는 이치입니다. 식물성 단백질 원료의 다양화 및 새로운 기능을 가진 원료 선별을 위해, 이제 식품업계는 적극적으로 루비스코를 들추고 있습니다.

식물기반 대체식품업계는 루비스코를 수생식물에서 찾습니다. 경작지가 필요하지 않은 이점을 누리고자 하는 것이죠. 개구리밥(Lemna)과 해초(seaweed) 재배를 통해 얻고자 하는데요, 특히 개구리밥은 숲보다 10배 많은 이산화탄소를 흡수하고, 단백질 1kg 기준 시 콩보다 약 10배 더 적은 물을 필요로 합니다. 이는 사막화된 토지에서 개구리밥을 재배할 여지를 만듭니다. 이러한 가치를 인식한 식품기업과 스타트업과의 협업 프로젝트가 진행 중에 있습니다.

루비스코 단백질은 기존의 동물성 단백질 또는 식물성 단백질보다 영양학적 및 기능적으로 우수하고, 알레르기 유발 물질이 없습니다. 맛과 색상이 나쁘지 않고요. 실제로 빵, 케이크, 쿠키 등 베이킹에서 계란 흰자의 대체재 역할로 응용되고 있죠. 더 나아가 업계는 육류, 유제품에 필요한 동물성 단백질을 대체할 수 있을 거라고 기대합니다.

〈자료 21〉 소고기 쌀로 지은 밥(좌) 분홍빛 돼지대두(중) 개구리밥(우)
출처: 연세대학교, moolec science, nature

    푸드테크가 식물성분과 기술의 혁신적인 조합을 통해 단백질의
다양성을 꾀하고 있습니다. 다양한 단백질 환경은 전 세계적으로
공급망 중단과 관련된 위험을 최소화하고, 대체 단백질 산업의 다
양한 부문에서 경제 성장을 촉진하는, 탄력적인 식품 시스템 인프
라의 육성책입니다.

2

미래식품 유형별 시장 경쟁력

혁명인가 과대광고인가?
혁신기술이 과감한 약속을 할 때,
과장된 광고와 상업적으로 실행 가능한 기술을
어떻게 구별할 수 있을까요?
그리고
그러한 주장이 실현된다면
언제쯤 성과를 거둘 수 있을까요?

2015년 세계 과학자들이 맘모스의 게놈(genome 유전체) 서열을 완성했습니다. 그 후 바로 2018년부터는 맘모스의 복제 시도가 시작될 수 있다는 기사가 넘쳐났죠. 많은 대중 매체가 "10년 안에 동물원에서 아기 맘모스를 보는 것이 가능할 것이다. 쥐라기 공원이 현실화될 것이다"라고 예측했고요. 글쎄요, 10년이 흐른 지금, 그런 일은 일어나지 않았습니다. 마찬가지로, 비트코인에 대한 초기 예측은 우리 모두를 중앙집권적 은행에서 해방시켜주는 시스템이며, 완전히 민주화된 글로벌 경제의 견인차가 될 것이라는 비전으로 안내했었죠. 또 불과 몇 년 전만 해도 우리는 전기자동차가 곧 완전히 자동화되고, 내연기관 자동차는 다시는 못볼 것처럼 열광했습니다.

이러한 흥분된 예측들이 대체 단백질과 어떤 관련이 있을까요? 맘모스의 복제나 전기자동차와 마찬가지로, 대체 단백질 시장에서도 초기에는 확실히 대담하고 매우 낙관적인 주장이 많이 있었습니다. 현재 대체 단백질, 특히 배양육의 종말을 선포하는 뉴스 매체 중 다수는, 불과 몇 년 전만 해도 배양 스테이크가 곧 출시될 것이라 말하면서 열정적인 창업자, 투자자 및 업계 이해관계자로부터 자신 넘치는 인용문을 실어 배포하던 동일한 매체입니다.

그렇다면 이러한 유형의 과대뉴스는 무슨 근거로 이렇게 과감한 흥분을 만드는 걸까요? 그 배경에는 늘 새로운 혁신적인 기술이 버티고 있습니다. 여기에 동조하는 투자자들이 순식간에 흥분지수를 높이고 있고요. 그렇다면 이러한 혁신기술은 투자자들의 흥분도만큼이나 시장에서 주류로 채택되었나요? 우리는 푸드테크라는 미명 아래 기술에 입혀진, 인류의 '미래식품'을 냉정하게 논하고 있습니다. 혁신기술에 동조하고 덩달아 흥분만 할 수는 없습니다. 혹여나 과학보다는 과도한 희망에 의해 주도되는 우화라면, 그리고 투자자들이 마침내 이를 깨닫게 된다면 시장은 사상누각이 될 것이기 때문입니다.

사회가 수용할 기술일지, 과대뉴스나 광고로 그칠지, 하이프 사이클(Hype Cycle by Gartner) 모형을 빌어와 그 추임새를 살펴보겠습니다(자료 22). 하이프 사이클은 신흥기술에 대한 과대광고의 주기를 통해 기술의 성숙도를 표현하는 그래프로 잘 알려져 있는데요, 이 모형은 흥분 고조기에 무작정 남을 따라 투자하는 것은 물론, 실망 시기에 기술이 쇠퇴했다고 섣불리 판단하는 것, 모두를 경고합니다. 이에 우리는 신기술의 추이를 통해 유형별 미래식품의 개별 통찰력을 얻고자 합니다. 그리고 대체 단백질 시장이 코로나 위기를 기회로 삼아 급속도로 등장한 만큼, 코로나가 직접적인 영향을 미친 시기를 전후(2021년과 2022 & 2023년)로 비교해서 분석해보겠습니다.

분석 대상은 대체 단백질 식품을 유형별로 나누되, 곤충기반 분야는 제외합니다. 식용곤충에 대한 수년간의 기대가 급속히 낮아지고 지금은 식물기반 단백질의 부상과 신기술의 도래, 그리고 규제미비로 인해 주요한 단백질 공급원으로서 곤충의 매력이 덜해져 있기 때문입니다. 따라서 여기에서는 식물기반, 발효기반, 세포배양육기반, 그리고 새로운 단백질 유형을 다루어 보겠습니다. 발효기반은 특별히 GMO 미생물 사용 여부 기준으로 정밀발효와 바이오매스 발효로 구분했습니다.

또 하나 간과해서 안 될 점은 이러한 추세가 지리적인 특수성을 갖고 있다는 것이죠. 대체 단백질은 애초에 육류 대안이 시급했던 서구(북미와 서유럽)에서 시작되었고, 그들 주도하에 발전하고 있습니다. 따라서 여기에서의 추세분석은 지구 전체 관점입니다. 특정지역에서의 영향과 다른 지역에 도달하는 전파 방식은 크게 다를 수 있습니다. 예컨대 '몸에 부담 없는 건강한 성분'으로 주제를 확장하면, 이미 많은 식물성 식단이 익숙한 아시아에서는 색다른 트렌드로 받아들여지지 않는다는 것입니다. 이러한 지역적 트렌드는 문화적인 관점으로 다음 장에서 이야기할 것입니다.

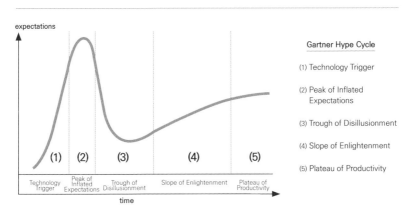

〈자료 22〉 하이프 사이클 모형과 기술수명 주기 5단계
출처: gartner.com

하이프 사이클은 2가지 기준점에서 시작합니다. 하나는 혁신을 둘러싼 기대치(Y축)입니다. 즉 기술에 대해 얼마나 과장되었는지, 동시에 얼마나 많은 투자가 몰려 있는지에 대한 척도입니다. 그리고 시간경과에 따른 해당 혁신의 가치(X축), 즉 기술이 얼마나 발전했는지, 그리고 시장이 얼마나 수용할 준비가 되었는지입니다. 시장의 준비는 시장이 기술에 대해 인지하는 정도와, 그에 따른 수용자세로 풀이합니다. 두 기준을 통해서 기술수명 주기를 다음과 같이 5가지 주요 단계로 나눕니다.

(1) Technology Trigger 태동기

기술혁신 단계로 제품 출시 이전이라도 잠재적 기술이 관심을 받기 시작합니다.

(2) Peak of Inflated Expectations 거품기

부풀려진 기대가 정점에 오르면서 많은 언론보도와 과대광고가 있지만, 해당 혁신이 필요한 것을 제공할 수 있냐는 증거는 여전히 제한적입니다. 다수의 실패사례와 일부 성공사례가 양산되는 시기입니다.

(3) Trough of Disillusionment 거품 제거기

기술 구현의 결과가 좋지 않아 대중의 관심이 쇠퇴하는 시기입니다. 1세대 제품들의 실패사례가 전해지면서 시장 반응이 급격히 냉각됩니다. 소비자가 만족할 제품인 경우에만 투자가 지속됩니다.

(4) Slope of Enlightenment 재조명기

기술이 재조명 받는 시기입니다. 기술의 가능성을 알게 된 기업들이 지속적인 투자와 개선으로 수익모델을 나타내는 좋은 사례들이 증가하고, 기술의 성공모델에 대한 이해가 증가하기 시작합니다. 2세대 제품과 부가서비스들이 출시되지만, 보수적 기업들은 여전히 관망적 상태를 유지합니다.

(5) Plateau of Productivity 안정기

기술 상용화 및 안정 시기입니다. 시장과 대중이 본격적으로 기술을 수용하기 시작하면 시장이 급격히 열리고 매출 증대로 이어집니다. 기업의 생존 가능성 평가에 대한 기준이 명확해지며, 기술은 시장에서 주류로 자리 잡습니다.

이를 참조해서 유형별 대체 단백질을 하이프 사이클 위에 올려

보겠습니다(자료 23). 하이프 사이클의 5단계를 태동기-거품기-거품 제거기-재조명기-안정기로 쉽게 풀이해서 표기하고, 기술의 상업적 가능성을 주도하는 실제 동인과 과대광고를 분리해보고자 합니다. 다양한 유형의 각 대체 단백질 분야에서 누가, 무엇을 어떻게 하고 있는지, 제품이 시장에 출시되었는지, 승인부터 제품 이름을 지정하기까지의 규제는 작용하는지, 소비자 반응은 있는지 등, 이러한 비기술적 요인으로 실제 동인을 모색하겠습니다.

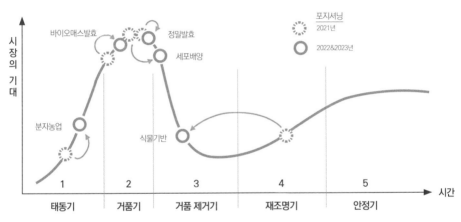

〈자료 23〉 미래식품 유형별 시장 경쟁력
출처: DFL 2024, ETRI_필자 수정 및 가필

1) 식물기반 미래식품의 시장 경쟁력

지나간 것은 지나간 대로 의미가 있습니다
다시 미래를 잡읍시다

식물성 고기가 새로운 개념은 아닙니다. 콩으로 만든 두부와 밀의 글루텐을 이용한 세이탄은 수천 년 동안 존재해왔으며, 퀀(영국, 1985) 및 토푸키(미국, 1980)와 같은 육류 대체 브랜드는 수십 년 동안 전 세계 매장에서 그들의 제품이 판매되어왔죠. 그러나 얼마 전까지 이러한 제품은 주로 윤리적 또는 환경적 이유로 품질을 타협할 수 있는 채식주의자를 대상으로, 콩고기 개념으로 위치했습니다. 그런데 비욘드미트와 임파서블 푸드가 주도하는 테크 기반의 동물성 유사제품이 등장합니다. 이에 따라 식물기반 대체육 제품의 판매가 지난 몇 년간 급증했죠. 코로나 팬데믹으로 인해 육류 공급망이 중단되고, 육류산업이 직면한 문제에 대한 소비자 인식이 높아짐에 따라 2020년에 매출이 급격히 증가했고요. 당시 식물기반 대체육 시장의 미래는 그 어느 때보다 밝았습니다. 여기에 해당 투자도 빠르게 증가해 2020년에만 20억 달러(약 2조 6,000억 원) 이상의 자금이 조달되었죠(GFI, 2023). 유니레버 및 네슬레와 같은 초거대 기업도 자체 식물성 육류 브랜드를 출시하고, 타이슨푸드, JBS 및 퍼듀와 같은 글로벌 육류회사가 식물성 브랜드를 인수하면서 '단백질 회사'로 브랜드를 변경하기 시작하는 등, 광범위한 식품산업이 이에 반응하고 있었습니다. 단순한 콩고기에서 벗어나 전 인류를 대상으로 하는 미래 단백질 식품으로서, 조만간 마켓의 한 카테고리로 재조명 받을 것으로 시장은 크게 주목했습니다.

그런데 식물기반 단백질 시장의 전반적인 경쟁 환경은 치열하고 혼잡합니다. 시장에서 성공하려면 참여 기업은 소비자와 부문별 경쟁 분야에 대한 이해를 바탕으로 자신의 포지셔닝을 찾아야 하죠. 전반적으로 식물기반 대체육의 주요 구매 기준은 사실은 매우 간단합니다. 소비자는 맛과 신선함은 물론, 인공 첨가물이 없는, 즉 클린라벨 제품을 원합니다. 육식주의자는 전통적인 고기와 같은 맛을 중시하는 반면, 채식주의자는 동물이 들어가지 않은 유기농 제품을 찾고요. 특정 소비자의 선호도를 이해하고, 뚜렷한 그룹으로 세분화하며, 소비자 중심 사고방식을 갖는 것은, 시장에서 활동하고 경쟁사와 차별화할 권리를 갖고자 하는 모든 기업의 전제 조건과 같습니다. 하지만 식물기반 대체육은 그렇게 많은 합성 첨가물을 사용하고도 소비자가 원하는 맛을 충족시키지 못했고, 기대와 달리 건강한 영양성분도 제시하지 못했죠. 육류 대비 가격이 저렴하지 않고요. 2019년에 상장한 비욘드미트는 주가폭락과 2021년 말 공매도 순위 1번으로 등극되면서 식물기반 단백질 위축의 상징이 되어버렸습니다. 코로나를 기회로 인식하고 성급한 동력으로만 쓴 까닭에 부풀어진 거품이 꺼진 것입니다. 여기에 더해 대체육 업계는 기존 육류산업의 저항에 직면해 있습니다. 이와 맞물려 규제 당국은 식물성 대체식품의 라벨링에 제한을 가했고요. 최근 제안된 EU 규정이 식물기반 유제품에 우유 표기 사용을 금지한 것이 대표사례입니다.

이러한 추세로 보면, 식물기반 단백질 분야는 **재조명 단계를 유지하지 못합니다.** 상황이 큰 폭으로 역전되었기 때문이죠. 하지만 새로운 분야를 상업적 규모로 확장하는 것이 과제라는 장기적인 관점에서 본다면, 식물기반 대체 단백질 부문은 어느 정도 상당한 진전을 이루었습니다. 식물성 우유, 육류 및 달걀 산업은 2023년 미국 소매 시장에서 각각 14.5%, 0.9%, 0.4%를 점유했죠. 이제 이 산업에 다시 기술혁신이 한몫할 것으로 기대합니다. 기존의 업체들이 기술 스타트업으로 브랜드화 했지만, 실은 기술보다는 레시피, 재료 소싱, 기계 매개변수 등 영업 비밀에 훨씬 더 의존했었죠. 이제 진짜 테크업체가 등장해야 합니다.

앞 장에서 소개한 낫코는 AI 기술을 활용해 식물성 재료의 최적화된 조합을 찾았습니다. AI 주세페의 뛰어난 학습 능력 덕분에 다른 식물성 회사가 따라올 수 없는, 외형적으로는 동물성 식품과 동일한 맛을 내는 놀랍도록 맛있는 식물성 식품을 만들었죠. 더 깊이 들어가보면, 예컨대 냉장 및 냉동 섹션에서 제품을 제조할 때의 과제 중 하나가, 소비자가 집에서 제품을 재가열하거나 요리할 때 달라지는 제품의 성능입니다. 이는 R&D 팀에 새로운 배합 문제 연구를 제기할 수 있지만, 주세페를 이용하면 해당 학습을 통해 만든 공식으로 이 배합 문제를 즉각 해결할 수 있습니다. 또 다른 한편, 리다파인미트(이스라엘, 2018)는 3D 프린팅 기술을 사용해 스테이크와 같은 구조화된 식물성 대체육을 만들고 있죠. 이렇게 AI기반 푸드테크 기업들이 연일 새로운 개발뉴스 띄우기가 한창입니다. 해당 분야의 투자 유치가 2021년도 25억 달러(약 3조 2,500억 원) 투자에 비하면 축소된 것처럼 보이지만, 글로벌 불경기에 따른 투자 심리 위축 상황에서도, 2022년 13억 달러(약 1조 8,000억 원)와 2023년 9.8억 달러(약 1조 2,700억 원)가 투자된 것은 그나마 양호해 보입니다.

우리는 식물기반 단백질 분야가 재반등할 기대를 합니다만, 시장의 관점에서는 단계 역전이 가져온 틈새 시간 또한 들여다봐야 합니다. 이 틈새에 하이브리드 제품이 바로 등장했죠. 세포배양육과 정밀발효에게 시장의 보다 큰 관심이 돌아갔고요. 이로 인해 소비자들은 건강한 식품에 대해 스스로 학습하는 여유를 가졌습니다. 제품의 라벨을 열어볼 줄 알며, 개인 맞춤 건강을 요구하게 되었습니다. 유망한 셰프들이 미래식품에 거는 다양한 시선 또한 매서워졌습니다. 요리 재료선택 기준이 매우 까다로워졌고요. 첨가물 많은 식물성 대체육은 아예 재료로 취급하지 않습니다. 셰프 스스로 자체 식물기반 대체육을 개발하기도 하고, 천연 식물만을 재료로 삼습니다.

2) 정밀발효기반 미래식품의 시장 경쟁력

정밀한 만큼이나 들여다볼 게 많습니다
정밀한데 정확하지 않다고요?

정밀발효는 2013년에 2개 업체로 시작했습니다. 이 중 퍼펙트데이(미국, 2014)가 2020년 동물성이 아닌 발효 유래의 유청 단백질(ProFerm™)을 개발해 출시하자 이 분야는 날개를 달았습니다. 우유 및 유제품, 심지어 육류와도 경쟁할 '가장 중요한 녹색 기술'로까지 명명되기에 이르렀죠. 한마디로 정밀발효는 전통적인 농업 없이도 단백질, 효소 및 특정 성분과 같은 필수 식품 구성요소를 생성할 수 있는 혁신적인 기술이라는 것입니다. 동물 없이도 기존 동물성 재료와 맛, 질감, 기능성이 동일한 대체계란 및 우유 단백질을 만드는 것이 가능하다고요. 그 효과는 즉각적이었죠. 자금 조달 증가, 시장 규모 예측, 대체 단백질 산업 내 성장률 및 환경적 이점에서 분명하게 나타났습니다. 2020년 투자 유치는 2019년 대비 2배 증가했으며, 대체 단백질 분야 전체 자금 중 19%를 차지했습니다(GFI, 2020). 퍼펙트데이는 단독으로 시리즈C 투자 유치로 3억 달러(약 3,900억 원)를 확보했고요. 이에 시장은 2022년부터 2031년까지 연평균 복합 성장률(CAGR)을 40.5%로 예상했습니다(Dive, 2021). 전통 농업 대비 탄소배출은 최대 97%, 물 사용은 99%까지 절약한다고 알려져 있습니다.

이렇게 미래 성장에 대한 강력한 잠재력으로, 시장은 흥분의 정점을 찍었습니다만, 엄청난 가능성에도 불구하고 정밀발효의 규모를 확대하는 데 어려움이 없는 것은 아닙니다. 비용 경쟁력, 생물반응기의 일관된 공급 확보, 그리고 규제 복잡성 해결 등이 현재의 주요 장애물입니다.

우선, 매출 원가에서 문제가 시작합니다. 애초부터 향후 몇 년 동안 kg당 25달러 미만의 가격으로 재료를 만드는 데 어려움을 겪게 될 것이란 예측이 난무했습니다. 그런데 곧이어 kg당 10달러 미만으로 원가를 줄였음에도 불구하고, 여전히 기존 소매점을 탐색하는 데에 어려움을 겪고 있습니다. 가격이 문제였던 거죠. 대신해서, 현재 이 분야는 특정 성분 개발에 주력하고 있습니다. 단적인 예로, 퍼펙트데이는 B2C 용도의 자체 회사를 매각하고, B2B 전략을 추진하고 있습니다. 결과적으로 유니레버, 네슬레, 벨그룹, 브레이브 로봇, 마스, 쿨하우스 등 미국, 홍콩, 싱가포르의 유수한 대형 식품제조기업과 협업하게 되었죠. 연이어 퍼펙트데이는 베타-락토글로불린 단백질 및 이를 이용한 식품제형 제조법에 대한 특허를 받았습니다. 같은 맥락으로 정밀발효 스타트업인 모티 프푸드웍스(헴단백질), 이노프(마이코단백질), 리밀크(카마가테라파피 진균), 에브리(난백 단백질)가 특정 성분 효모 및 단백질로 FDA GRAS 인증을 취득했습니다. 이런 현상 때문일까요? 정밀발효가 전체 단백질 제품 생산비용으로 인해 틈새시장이나 특수 성분 카테고리에 국한될 가능성이 높다는 평도 적지 않습니다.

또한 기존의 많은 정밀발효 시설이 의약품 생산을 템플릿으로 설계했죠. 그래서 이는 식품을 상업적으로 제조하기 위한 비용 구조에는 적합하지 않다는 평가입니다. 풀어서 설명하면 식품생산에 최적화된 계약 제조 시설의 수가 한정적이기 때문에, 정밀발효 스타트업이 제한된 생산 능력을 놓고 경쟁해야 한다는 의미입니다.

한편 바이오매스 발효와 달리 정밀발효에 대한 규제 틀은 아직 미비합니다. 특히나 EU 시장에서의 규제망은 매우 촘촘하기로 유명한데요, 이에 2023년 3월 정밀발효 분야의 영향력 있는 인물들로 구성된 컨소시엄이 EU를 향해 기술을 옹호하고 확장을 촉진하기 위해, 유럽발효연합(FFE Food Fermentation Europe)을 설립했습니다. 같은 맥락으로 전 세계 9명의 정밀발효 리더들이 업계의 목소리와 글로벌 의장 역할을 하기 위해, 정밀발효연맹(PFA Precision Fermentation Alliance)을 창설했고요. 정밀발효의 고유한 특성과 다른 식품생산 기술과의 차별화를 명확하게 하고 자금을 확충하며 정부지원을 확장하게 하려는, 이 분야의 공동 노력이 돋보입니다.

이처럼 정밀발효는 더욱 지속 가능하고 경제적으로 효율적인 수준에 도달하기 위해 여러 장애물을 어떻게 극복하냐에 미래가 달려 있습니다. 그래서 사이클에서 **거품 제거 단계로 수준을 조금 떨어뜨려야 하는** 이유입니다. 하지만 이 모든 장애를 극복한다면, 정밀발효는 확실히 식물기반 단백질 및 세포배양육 분야와 함께 미래식품 시스템의 주요 부분이 될 수 있을 것입니다.

그런데 최근, 정밀발효 분야에 눈여겨볼 뉴스가 등장했습니다. 내용은 이렇습니다. 아이오와 주에 본사를 둔 건강 연구소(HRI) 가 퍼펙트데이의 유청 단백질을 사용한 우유 제품에서 알려지지 않은 화합물을 발견했습니다. 자그마치 92개나요. 대부분의 분자에 대한 학명조차 찾을 수 없다고 합니다. 상당한 수준의 살균제 잔류물도 발견했고요. HRI는 이 화합물과 살균제 잔류물이 정밀 발효라는 합성 생물학 공정이 포함하는 GMO 효모 추출과정에서 기인하는 것으로 판단합니다만, FDA는 해당 업체에게 안전성 테스트를 요구하지 않고 있습니다. 퍼펙트데이는 이미 상업적 규모로 재료를 생산하고 있는데요, 해당 성분이 포함된 제품은 5,000개 이상의 매장에서 이미 판매되고 있죠. 업계의 신속하고 솔직한 답변이 필요합니다.

3) 바이오매스 발효기반 미래식품의 시장 경쟁력

원재료 원가가 제로입니다
우선, 세 종류의 제품이 유기농 식료품점에 입점합니다

바이오매스 발효의 특징은 특별한 능력을 가진 특정 효모나 박테리아를 식별하는 것에서 시작합니다. 극한 환경에서 진화하는 미생물이기 때문인데요, 네이처파인드(미국, 2009)의 단백질 Fy는 화산 지천에서 발견한 균주로 생성한 단백질입니다. 바이오매스 발효의 선발주자인 이들의 세 번째 제품 라인인 유제품 없는 발효 기반 요구르트가 2024년 1월 말 미국 전 유기농 및 천연 식품 식료품점에서 판매되었습니다. 유제품이 들어가지 않은 크림 치즈와 고기가 없는 Fy패티도 포함되어 있죠. 더불어 이제 막 세상을 놀라게 했던, 공기에서 단백질을 추출해서 큰 반응을 일으켰던 솔라푸즈가 이 분야를 선도하고 있습니다. 따라서 바이오매스 발효 역시 시장에서 **흥분 정점 단계로 오르고 있는 상황**입니다.

첨단 혁신으로 더욱 풍성해진 발효 시장은 르네상스를 경험하고 있습니다. 기존 농업 공급원료와 무관한 새롭고 안정적인 식량 공급원을 구축하기 위한 촉매제로 떠오르고 있는 것이죠. 바이오매스 발효는 식물성 설탕과 같은 유기물을 단백질이 풍부한 식품으로 전환합니다. 복잡한 생화학반응을 통해 미생물이 당을 분해해 단백질의 구성요소인 아미노산으로 재구성하게 되죠. 이 신진대사 공학의 경이로움은 동물 농업과 그에 따른 환경 영향에 의존하지 않고도 상당한 양의 단백질을 생산할 수 있게 해줍니다.

그러나 이러한 잠재력에도 불구하고, 발효 부문 역시 규모 달성이라는 상당한 장애물과 씨름해왔습니다. 앞서 살펴본 것처럼 솔라푸즈가 이제 대량생산을 위한 공장의 문을 열고 생산을 시작했습니다. 조금 더 기대치를 높여 관찰해보는 건 어떨까요?

4) 세포배양기반 미래식품의 시장 경쟁력

무조건 된다 말고, 대신에 더욱더 본질을 지켜야죠
화려한 헤드라인은 불편한 진실을 오랫동안 가려왔습니다
상관없이,
비싸고 깨지기 쉬우며 무한히 복잡한 퍼즐은
앞으로 10년 안에 합쳐져야 할 것입니다

세포배양육의 매력은 무엇일까요? 배양육은 의심의 여지없이 진짜 고기입니다. 기존 육류와 동등한 가격이라면 이것을 사지 않을 이유가 없습니다. 그렇게 된다면 그야말로 최고입니다. 세포 몇 개로 전 인류에게 육류를 제공할 수 있고요, 그것도 도축 없이요. 환경오염도 없이요. 이러한 필요 혁신이 이미 발생했으며 결과는 불가피해 보였습니다. 식품역사에 있어 기념비적인 전환기의 증거로 세포배양육 분야는 투자자들에게 열렬한 환영을 받았고요. 그런데 이런 가능성에 휩쓸리기는 쉽습니다. 수많은 언론 매체가 그렇게 했기 때문인데요, 세포배양육은 익숙하지 않은 미래를 향해 나아가고 있는 세상에 대해, 우리가 공유하는 기대를 향상시켰습니다. 따라서 급진적인 새로움에 대해 희망을 품기에는 너무나 쉬운 기술처럼 느껴졌죠. 이렇게 우리가 배양육을 SF소설보다 과학적인 것으로 인식하기 시작하면서 우리의 흥분은 매우 빠르게 커졌습니다. 아마도 업계가 예상했던 것보다 훨씬 더 빨리 커졌을 것입니다.

그러나 명확히 하고 싶습니다. 배양육은 파괴적인 잠재력을 갖고 있습니다만, 세포배양육이 기후위기에 변화를 가져오려면, 그리고 식량위기를 해결하려면, 아직 예측하지 못한 일련의 강력한 돌파구가 여전히 필요하다는 것입니다. 흥분지수에 상응하는 조금 격한 표현을 빌리면, 이전에 어떤 세포도 행동하지 않았던 방식으로 행동하도록 세포를 훈련시켜야 하고요, 널리 받아들여지는 화학과 물리학의 원리를 무시하는 생물반응기를 설계해야만 하죠. 투자자는 수익율에 신경 쓰지 않고 그저 돈을 풀어야 합니다. 체외 자궁을 만들어야 하니까요. 이 개발이 성공한다면 노벨상을 받을 가치가 있는 작업이 될 것입니다. 그런데 이 비싸고 깨지기 쉬우며 무한히 복잡한 퍼즐은 앞으로 10년 안에 합쳐져야 합니다. 이 분야 전문가들의 중론입니다.

이제 이 분야에서는 **부풀어진 거품을 거두어가며, 업계가 한창 재건 작업 중**입니다. 무엇보다도 지금껏 세포배양 분야에서 상당한 발전이 이루어져 왔음에도, 실제 과제는 합리적인 기간 내에 저렴한 비용으로 이러한 혁신을 확장하는 것임을 확실히 인지했습니다. 그리고 중요한 것은 세포배양 분야가 광범위한 상용화와 높은 수익성을 목표로 하지만, 당장 손에 넣을 수는 없다는 점을 지속적으로 강조하는 것입니다. 성공 여부를 더 정밀하게 평가하고 기대치를 관리함으로써 사람들이 배양육을 단거리 경주가 아닌 마라톤으로 보도록 도와야 하는 것이죠. 여기가 바로 AI가 개입해서 인간지능을 보완하는 식품혁신의 중추적인 동맹자가 되는 지점입니다. 동물세포성장을 위한 효율적인 시스템을 개발하는 데는 당연한 시간이 소요되겠죠. 의학계 역시 세포 분리부터 대규모 생산까지 이루는 데 50년 이상이 걸렸습니다. 배양육도 비슷한 여정에 있지만, 인접 산업의 획기적인 기술을 기반으로 구축되기 때문에 훨씬 더 빠르게 진취적이고 흥미로운 발전이 이루어지리라 기대합니다.

배양육 분야의 현황은 앞 장에서 보신 그대로입니다. 2개 스타트업의 배양 닭고기가 싱가포르와 미국에서 판매 승인을 받았죠. 연이어 2024년 1월에 배양육 업계에서 국가로는 세 번째로 이스라엘이 그리고 배양 소고기로는 세계 최초로, 알레프팜즈(이스라엘, 2017)에게 승인을 했습니다. 이렇게 반가운 소식 이면에는 상이한 국가별 정책과 복잡한 규제수립이 양면합니다. 예컨대 이탈리아는 재배육에 대해 전면 금지하는 국가입니다. 미국의 경우도 주별로 상이한 규정을 가지고 있죠. 텍사스, 플로리다, 애리조나는 아직까지 배양육을 허가하지 않습니다.

그리고 이 산업과 관련해서 매년 점점 더 많은 관련 특허가 출원되고 있는데요, 과학 분야의 특허 수는 해당 분야의 활동과 관련 기술 상태에 대한 통찰력을 제공할 수 있다는 점에서 주목됩니다. 특허 내용도 현재 이슈에 광범위하게 부합합니다. 세포성장과 밀도를 개선하기 위한 세포 공학, 성장과 분화를 강화하기 위한 세포배양 배지 제제, 새로운 생물반응기 디자인, 재배된 고기를 수확하는 과정, 3차원 구조의 고기를 만들기 위한 새로운 비계 재료, 비용 절감을 위해 세포배양 배지를 재활용하는 시스템, 재배 육류 제품의 맛과 질감을 최적화하는 방법 등이 특허에 포함되어 있습니다.

한편에서는 이 분야에 너무 많은 자원이 투입되는 것을 제로섬 게임으로 보는 절망적인 견해도 있습니다. 실제 투자 모형도 그렇긴 합니다(자료 24). 이에 따른 여파도 있습니다. 유전자 편집 기술 확보와 2022년 말 파일럿 규모 생물반응기 구축으로 반짝였던 시피푸드가 2024년 6월에 회사를 닫았습니다. 그리고 회생을 위해 현재까지 4,000만 달러(약 552억 원)를 모금했으나 자금 조달 시장의 어려움을 고려해, 판매 프로세스를 운영할 자문 회사를 임명했다는 소식입니다. 물론 근간의 글로벌 금리상승, 인플레이션, 불확실한 경제전망으로 인해 대부분의 산업계가 침체된 투자 환경에 직면해 있음도 감안해야 합니다.

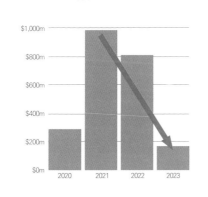

〈자료 24〉 세포배양육 투자 현황
출처: Agfunder data

5) 새로운 단백질, 분자농업 작물의 시장 경쟁력

자랑스럽게 유전자 변형,
정확할 수 있지만, 명확하지 않을 수 있습니다

참신한 아이디어가 현실이 되었습니다. 물랙과 같은 소수의 신생기업이 식물에서 동물성 단백질을 재생산하는 것을 목표로, 새로운 기술인 분자농업을 연구하고 있습니다. 아이디어는 식물을 유전자 변형해 원하는 단백질을 생산하도록 하는 것이죠. 분홍색 대두로 유명해진 돼지대두(Piggy Sooy)가 이들의 작품입니다. 이 대두는 26%의 돼지 단백질을 함유하고 있습니다. 지금은 완두에 소고기 단백질 합성을 개발 중이고요. 분자농업 분야는 단번에 미래식품의 트렌드로 자리 잡았습니다.

분자농업은 식물을 유전적으로 변형해서, 식물 자체가 단백질을 생산하는 생물반응기 역할을 합니다. 이에 대규모의 생물반응기 제조가 걸림돌이 되는 정밀발효나 세포배양보다 매우 유망하고 확장성이 뛰어난 것으로 평가되고 있습니다. **시장의 흥분지수가 올라가고 있습니만, 아직 실험 단계**에 있죠. 최초의 대규모 시연은 향후 2~3년 내에 이루어질 것으로 시장은 예상하고요. 한편 2024년 초 물랙이 미국에서 분자농업 플랫폼에 대한 새로운 특허를 부여받았는데요, 해당 보도자료에 언급된 미래 예측 진술에 대해 물랙이 다음과 같은 제안을 합니다. 섣부른 기대에 앞서 우리가 제대로 들어 봄 직합니다.

"보도자료에 포함된 미래 예측은 '전망', '계획' 및 기타 유사한 표현으로서, 미래의 사건이나 추세를 나타낸다거나 역사적 사실에 대한 표명이 아닙니다. (중략) 우리는 이 보도자료에 포함된 각 미래 예측에 대해 합리적인 근거가 있다고 믿지만, 이러한 표명은 우리가 확신할 수 없는 사실과 요인의 조합에 기초하고 있다는 점을 주의하시기 바랍니다. (중략) 이러한 미래 예측 진술에는 실제 결과가 예상 결과와 실질적으로 다를 수 있는 여러 가지 중요한 위험과 불확실성이 내재되어 있습니다. (중략) 따라서 여러분은 이러한 진술에 지나치게 의존해서는 안 됩니다."

푸드테크는 식품의 미래입니다. 푸드테크의 미래 시장은 과연 어떤 모습일까요? 지금껏 미래식품 시장의 변화를 가장 회의적으로 보는 이유가, 많은 기업이 과대광고를 지속할 수 있는 능력이 있는지에 대한 의구심이 있기 때문이었습니다. 하지만 이제 푸드테크 시장의 각 분야는 거품을 걷어내고 있습니다. 그리고 본원적인 혁신의 중요성을 강조합니다. 신속하지만 신중하게 AI와 함께 방향 전환을 하고자 합니다.

3

미래식품과 AI

**우리가 받아들이든 무시하든,
근본적으로 변혁적인 기술은 일단 등장하면 무시할 수 없습니다**
AI는 그러한 혁신기술 중 하나입니다

**예측할 수 없는 미래입니다만
우리의 올바른 기대에 따른 AI의 발전이 지속 가능한 미래입니다**

15세기 인쇄술의 발명이 지식의 확산과 교육의 향상에 기여할 것으로 예상했지만, 종교개혁을 촉발시킬 줄은 누구도 몰랐습니다. 더 나아가 유럽의 정치적, 종교적 지형을 완전히 바꾸게 할 줄은 꿈도 꾸지 못했고요. 같은 맥락에서 18세기 증기기관 발명이 환경오염과 노동환경을 악화시킬 줄을 누가 미리 알았을까요? 조명과 기계동력에 활용되어 산업생산성을 높일 것으로 기대했던 전기 발명이 야간활동을 증가시켜 24시간 도시생활을 가능하게 한 것도 예상하지 못했죠. 근래에 들어 인터넷 보급이 가짜 뉴스의 확산문제를 발생시킬 줄 몰랐던 것도 마찬가지입니다.

　인간이 미래를 예측하는 것은 스스로 판단할 수가 없습니다. 역사만이 판단하는 것이죠. 역사는 이러한 우리의 예측이 믿을 수 없을 정도로 예지력 있게 잘 맞추는 것부터 매우 부정확한 것까지 다양한 관점을 보여줍니다. 우리가 그것을 받아들이든 무시하든, 근본적으로 변혁적인 기술은 일단 등장하면 무시할 수 없습니다. AI 역시 그러한 기술 중 하나인데요, 우리가 예측할 수 없는 방식으로 우리의 미래를 형성할 가능성이 높기 때문입니다. 전례 없는 속도로 엄청난 양의 데이터를 분석하고, 추론하며, 솔루션을 생성하고, 심지어 우리 인간과 감정적으로 상호작용하는 AI의 능력은 패러다임의 변화를 이끌고 있습니다. 이는 인류역사상 가장 위대한 발명품과 어깨를 견주며 산업과 경제, 그리고 인프라와 사회를 변화시킬 수 있는 강력한 힘을 가지고 있다는 말입니다. 가속화된 신약 발견과 강력한 R&D는 물론, 눈부신 마케팅 카피와 개선된 고객 서비스에 이르기까지 AI와 머신러닝이 모든 분야에 배치되고 있죠. AI는 식품산업에는 무엇을 가져올까요? 식품 시스템 전반의 복잡한 문제를 해결할 수 있는 기회를 제시하는 외에도 전반적인 비즈니스 환경을 변화시키고 있습니다. 기업은 소비자 동향에 대응하고 그 어느 때보다 빠르게 제품을 시장에 출시하고 있으며, 소비자는 이를 더 기대하기 시작했고요. 변화를 따라가고 시장 진출 전략에 성공하려면 식품혁신의 빠른 진행이 요구됩니다. 이러한 상황 인식하에 우리의 주제인 미래식품의 개발은 어떻게 디지털화, AI화 할지를 살펴보겠습니다.

앞서 지적한 것처럼, 미래식품과 새로운 식품개발이 첨단 디지털 기술인 AI를 활용해 다양한 이점을 얻고 있습니다. R&D의 정확성과 주기단축, 제품 최적화, 생산속도 개선, 비용의 효율성, 예측 기능 강화, 데이터 기반 통찰력 등이 AI로 인한 혜택이죠. 반면에 기술의 역사를 돌아보건대, 우리는 AI 활용에서 역시 간과할 수 없는 과제를 찾을 수 있습니다. AI 도입이 오래지 않은 만큼 과제가 꽤나 많을 수 있습니다만, 초기 시장인 만큼 개선할 여지가 많은 유리함도 있고요. 해당 기술공학자로서 연구실에 앉아 직접 개입할 수 있지 않는 한, 우리 소비자는 가능한 한 많은 자료를 찾아보고 스터디 할 의무가 있습니다. 우리 몸 안으로 들어가는 먹거리에 대한 최소한의 의무죠. 어쩌면 우리가 스스로 미래를 예측하기 위해 활용하는 AI로 향한, 최대한의 힘입니다. 그러기 위해서는 현재 활용되고 있는 AI가 여러 문제를 수반할 수 있음을 미리 인지해야 합니다. 과도할 수 있는 흥분을 억제하고 신속하게 따라가보죠. 그래도 신중하게요(자료 25). 예시처럼 AI 활용의 주요 혜택을 부분별로 나누고, 공통적인 제한사항도 살피겠습니다.

식물기반	압출공정 최적화, 동물 단백질 구조 조합, 맞춤형 식물원료, 원료작물 신뢰성 등
발효기반	효과적인 미생물 발굴, 공정 최적화 등
세포배양육	배양 배지 최적화, 세포배양 최적화, 바이오 공정 최적화, 새로운 세포주 등
AI 활용 제한사항	데이터 양과 질, 데이터 처리능력, 데이터 공유 협력 등
AI 활용 부수효과	혁신과 협업

〈자료 25〉 유형별 미래식품의 AI 활용 주요 이점
출처: 필자 작성

1) 식물기반 미래식품과 AI

가장 먼저 살펴볼 것은 **압출공정 최적화** 부분입니다. 압출은 식물성 단백질을 필요한 모양, 구조 및 질감을 가진 식품으로 변환하는 공정이죠. 이는 언뜻 보기보다 훨씬 더 복잡합니다. 압출과 관련된 중요한 변수로는 온도, 압력, 수분 함량, 공급 속도, 그리고 또 다른 변수는 성분 자체입니다. 식물에서 단백질을 추출하는 데 사용되는 여러 가지 분리 방법의 다양한 효과로 인해 공정이 더욱 복잡해질 수 있기 때문입니다. 이러한 매개변수 중 하나를 변경하면 최종 제품에 상당한 변화가 생길 수 있으며, 이는 종종 예측할 수 없는 방식으로 발생하기도 하죠. 이를 사전에 테스트하는 실험은, 특히 소규모 스타트업의 경우 엄청난 비용을 초래하고요. 그런데, 뜻밖에 AI(예: Greenprotein, ai)가 이 과정을 간소화하는 압출모델을 구현합니다.

동물 유래 제품에서 발견되는 모든 아미노산은 식물에서도 발견됩니다. 이에 AI는 식물성분만을 사용해 **동물 단백질의 분자 구조를 복제**할 수 있습니다. 그러나 일반 동물성 제품의 맛, 질감, 영양을 맞추려면 단지 아미노산 프로필을 맞추는 것 이상의 것이 필요하죠. 아미노산의 배열이라든가 요리 중 설탕 등 다른 성분과의 반응과 같은 요인에 따라 맛 등이 달라질 수 있기 때문입니다. 이에 AI가 인간의 피드백을 기반으로 원하는 맛과 질감에 더 잘 부합하도록 재료와 공정과정을 수정합니다. 이러한 역할을 앞서 우리는 보았습니다. 낫코의 AI 주세페가 이 역할을 했었죠. 잇저스트는 IBM의 셰프 왓슨(Watson)을 활용해 녹두를 대체계란 성분으로 선택한 것으로 알려져 있고요.

한편 업체별로도 식재료에 대한 요구 사항이 다를 수도 있습니다. 같은 식물에 대해서도 어떤 업체는 매력적인 맛을, 다른 업체는 중립적인 맛의 프로필을 원하죠. 예를 들어, AI Manna 플랫폼에는 수백만 개의 종자에 대한 다양한 정보가 내재되어 있어서 대체 단백질 회사의 요구에 가장 적합한, **맞춤형 원료**를 선택할 수 있습니다. 펩시코의 사브라(Sabra) 후무스가 이 플랫폼을 활용해 얻은 결과물입니다. 한국의 식물기반 단백질 개발 스타트업, 더플랜잇이 AI PAMS를 활용해 '하영'이라는 변종 콩을 개발한 경우도 한 예입니다. 하영은 생콩의 비린 맛과 알레르기와 소화불량 물질이 모두 제거되어, 식물성 우유 씰크(XILK)의 맞춤형 원료가 되었습니다.

AI 시스템은 또한 식물성 단백질의 **원료인 작물의 성장을 최적화**할 수 있습니다. 예를 들어, 현장 센서를 사용해 재배 기간 동안 작물의 건강, 크기 및 품질에 대한 데이터를 수집할 수 있고, 이를 통해 생산자는 가능한 질병 확산 등 실시간 위험을 신속하게 파악하고 해결할 수 있죠. 이는 업체가 보다 일관된 단백질 공급원을 확보할 수 있는 커다란 혜택입니다. 캐나다 단백질 협회가 이끄는 컨소시엄이 현재 완두콩과 카놀라 작물에 대해 이러한 접근 방식을 취하고 있습니다.

2) 발효기반 미래식품과 AI

주지하다시피 발효의 주인공은 미생물입니다. 미생물이 단백질을 효율적으로 성장하고 생산하는 데 필요한 영양소와 물질의 올바른 혼합을 찾기 때문이죠. 이러한 유망한 미생물의 발견을 돕는 것 외에도, AI가 기존 미생물보다 더 효율적으로 기능하는 **새로운 미생물을 설계**하는 데 도움이 될 수 있습니다. 예컨대, 퍼펙트데이의 식물성 유청단백질, 베타-락토글로블린 제품이 이러한 AI 지원을 받았습니다.

관련된 주요 혁신은 앞서 주목했던 구글 딥마인드가 AI 알파폴드를 개발한 것입니다. AI 알파폴드는 아미노산 서열을 기반으로 단백질의 구조를 정확하게 예측하므로, 단백질이 체내에서 어떻게 행동하고 상호작용하는지 판독합니다. 대체 단백질업체 쉬루(미국, 2019)가 업계 최초로 이를 활용해 제품을 개발했습니다. AI로 확인된 식물성 단백질과 액체 오일을 결합해서 동물성 지방을 대체하는 구조화 지방(OleoPro)과 메틸셀루로스 대체품을 출시했습니다.

세포배양육 생산과 마찬가지로, 발효에 있어서도 생물반응기가 중요한 요소입니다. AI 시스템이 발효 생물반응기의 온도, pH수준 등의 중요한 변수를 분석해 성장과 단백질 **생산량을 최대화**하는 동시에 **시간과 비용을 최소화**할 수 있습니다.

3) 세포배양기반 미래식품과 AI

무혈청 배지의 비용이 배양육의 대량생산에서 가장 큰 제한 요소 중 하나로 간주됩니다. 동물세포의 경우, 세포배양 배지는 일반적으로 약 30~50가지 영양소와 성장인자로 구성됩니다. 배양육 경우에 이러한 성분 중 실제로 필요한 것이 무엇인지, 양과 농도가 어느 정도인지를 식별하는 것은 인공 배지의 수율과 경제성을 향상시키는 데 중요할 수밖에 없습니다. 더구나 배지에서 소태아 혈청을 제거해야 하는 윤리적인 문제가 수반됩니다. 인공 **배지 최적화**가 배양육 분야에서 가장 복잡하다고 알려진 부분이죠. 그래서 영양소, 성장인자 및 기타 물질의 셀 수 없이 많은 가능한 조합을 고려할 때, 머신러닝 알고리즘을 활용하면 실제 실험을 가상으로 대체해 이 과정을 더 효율적으로 만들 수 있다고 합니다. 그런데 아직 다방면으로 실험 중입니다.

또한 세포배양에 포함된 세포의 수와 방향은 물론 개별 세포의 건강, 행동 및 계통 등을 모니터링하는 것은 **세포배양 최적화**에 중요합니다. 하지만 이러한 분석을 위해 설계된 컴퓨터 시스템이 비교적 초보적이어서 현미경 분석처럼 수동으로 수행하는 경향이 있습니다. 여기에 AI의 머신러닝 알고리즘이 세포배양 이미지의 정확도를 높일 수 있어서, 이러한 종류의 작업에도 매우 적합합니다.

AI기반 예측 분석은 상기 배양 배지의 영양분 및 성장인자 공급 외에도, 생물반응기 내 온도 및 pH 수준과 같은 매개변수를 모니터링하고 제어함으로써 **공정과정을 근본적으로 간소화**할 수 있습니다. 공정의 다양한 단계에서 세포의 요구 사항에 맞게 최적으로 맞춤화될 수 있고요. 이는 더 높은 품질, 더 빠른 속도, 더 적은 투입량, 더 낮은 비용의 형태로 이익을 가져올 수 있을 뿐만 아니라 환경에 미치는 영향도 최소화할 수 있습니다.

4) AI 활용의 제한사항

미래식품의 AI 활용 혜택을 살펴보고 있습니다만, AI 도입이 초기 시장인 만큼, 상대적으로 AI 맹신으로 우려되는 사항도 꼼꼼하게 검토해볼 필요가 있습니다.

가장 먼저, 빅데이터 관점에서 **데이터의 양**이 매우 중요합니다. 이는 식물기반 개발업체의 AI 활용 사례에서 쉽게 볼 수 있죠. AI 주세페에게 완두나 녹두에 대한 데이터가 입력되어 있지 않았다면, 낫코 우유가 성공적으로 개발되지 못했을 수도 있습니다. 잇저스트의 대체계란 원재료가 기존의 완두에서 녹두로 변경되기 어려웠을지 모르고요. 녹두는 완두에 비해 계란과의 성분 유사성이 훨씬 높습니다.

특히나 푸드테크와 같은 신흥 분야에서는 알고리즘을 제공할 과거 데이터가 부족해서 의미 있는 결과를 생성하기가 더 어렵습니다. 사용 가능한 데이터가 여러 비정형 데이터 형식에서 발견되는 경우도 많죠. 따라서 형식에 구애받지 않고 관련 데이터를 입력할 수 있는 개발도 요구됩니다. 업체, 기업 등 각 조직 간의 데이터 개방과 공유도 필요하고요.

이에 더해, 식품법의 경우 관련 규정이 자주 변경됩니다. AI 시스템은 이를 계속해서 따라잡아야 하죠. 또한 규정에 따른 해석이 필요한 경우도 많습니다. 이를 처리할 능력도 요구됩니다.

아울러 최적의 알고리즘 성능을 달성하는 것은 **고품질 데이터**에 크게 좌우됩니다. 입력은 출력 데이터만큼 가치가 있습니다. 여기서 파급된 유행어가 있죠. GIGO(Garbage In, Garbage Out), 쓰레기를 넣으면 쓰레기만 나옵니다. 인간의 건전한 의사결정이 완전하고 정확한 이해에 의존하듯, 머신러닝(ML)도 완전한, 정리된, 그리고 정확한 데이터에만 의존해야 하는 것입니다. 근래에 AI의 파급 효과로 AI워싱도 등장했습니다. 투자자와 고객의 관심을 끌기 위해 제품이나 서비스를 실제보다 더 최첨단으로 보이게 만드는 술책이죠. 주의 깊게 살펴볼 여지가 커졌습니다.

다음으로 광범위한 **데이터 양을 처리하는 AI 능력** 문제입니다. AI의 능력은 처리 능력에 의해 제한됩니다. 낫코, 퍼펙트데이, 모사미트와 같은 대체 단백질 개발업체들이 사용하는 AI는 대체로 대량 데이터를 처리하는 데 있어서 효과적으로 작동하고 있지만, 일부 제한 사항이나 도전 과제도 존재합니다. 양자 컴퓨팅이 처리 능력 제한을 해결할 수 있는 잠재력을 갖고 있다고 하죠. 실례로 양자 컴퓨팅을 개발하는 디웨이브(D-Wave Systems)와 리게티(Rigetti Computing)의 기술이 각각 모사미트와 업사이드푸드의 세포배양육 개발 과정에서 배양조건의 최적화 문제를 해결하는 데 사용되었습니다. AI와 양자 컴퓨팅을 통해 효율적인 세포성장 및 분화 조건을 찾아냈죠. 하지만 아직 양자 컴퓨팅도 개발 여지가 남아 있습니다.

5) 혁신과 협업

초거대 식품기업의 세계 수준의 상업적 역량과 스타트업의 특허 받은 선도적 AI 기술이 합쳐지면 어떻게 될까요? 건강하고 맛있으며 지속 가능한 미래식품에 대한 요구를 충족하는 데 있어서, 스타트업의 발전가치를 인식하고 수많은 초거대 식품기업이 이들과 파트너십을 구축하고 있습니다. 앞서 몇 가지 사례로 낫코와 크래프트하인즈, 클라이막스와 벨그룹, 퍼펙트데이와 유니레버의 협업을 보았습니다. 스타트업에게는 구조적으로 제한된 재정 및 인적 자원으로 인해 적절한 데이터 인프라를 구축하는 것이 여전히 어려운 것이 현실적 과제입니다. 이는 적절한 시기에 새로운 제품의 출시와 상용화를 방해할 수 있기도 하죠. 민첩한 스타트업은 식품기업과 협업을 통해 이러한 전환을 가속화합니다. 거대 식품기업은 스타트업과의 협업으로 혁신 격차를 해소할 수 있고요. 더 나은 미래식품을 만들고자 이들이 열망을 공유했습니다. 이 조화로운 상호작용을 음미하면서 AI는 푸드테크를 맛있는 내일로 안내할 것입니다.

증가하는 식품 수요 해결과 지속 가능성이 미래의 요구입니다. 우리는 지금까지 미래의 이러한 필수 사항을 해결하는 혁신적인 연계체인 AI와 미래식품 간의 강력한 시너지 효과를 살펴보았습니다. 파괴적인 기술을 활용하려면 혁신적인 사고와 신중한 접근 방식이 필요합니다. 식품의 미래를 설계하고자, 우리는 이 급진적인 변화의 시작점에 서 있습니다. 예측할 수 없는 미래입니다만, 우리의 올바른 기대에 따른 AI의 발전이 지속 가능한 미래가 될 것입니다.

2장 미래식품과 지속 가능성

지구상의 각 나라에는 대대로 내려오는 고유의 전통 식단이 있습니다.
전통 식단은 그 나라의 사람들을 하나로 이어줍니다.
그래서 우리는 이를 넓게 음식문화라고 부릅니다.

글로벌 시대에 다른 나라의 식단이 세계로 빠르게 확산되고 있지만
단기간에 그 나라의 문화로는 정착할 수 없습니다.
음식문화가 다르기 때문입니다.
미래식품의 방향성은 모든 나라가 같지만
그 출발은 각 나라별 음식문화로부터 시작해야 합니다.

1

한국형 미래식품

1) 전통 식단과 스타 셰프의 만남

'미래식품의 모델'

15년산 간장, 2종류의 김치, 다양한 국내산 야채,

그리고 23개의 소스가 태평양을 건너 뉴욕으로 갑니다

세계 최정상 셰프들을 만날 수 있는 다큐멘터리가 있습니다. 유명 셰프들의 삶과 철학, 그리고 그들의 터전인 레스토랑을 현장감 있게 담아낸 영상입니다. Chef's table이라는 제목으로 넷플릭스가 제작했죠. 에미상 후보에도 올랐을 정도로 작품성이 있고요. 이 프로그램은 국가별로 진행되었는데요, 그 나라를 대표하는 셰프를 주인공으로 각국의 음식문화를 소개했습니다. 그런데 한국 편에서는 셰프가 아닌 스님이 주인공으로 등장합니다. 왜 이런 일이 벌어졌을까요? 전말이 이렇습니다. 2010년도 중반에 한국 관광공사가 해외 셰프들을 한국에 초청하는 행사를 주최했습니다. 여기에 뉴욕의 최고 미쉐린 셰프, 에릭 리퍼트 씨도 참석했습니다. 그는 이미 앞 장에서 만나보았죠. 발효기반 단백질(Fy)로 맛있는 디저트를 만든 그 셰프입니다. 그가 이 행사 참석 길에 어느 사찰을 방문하게 됩니다. 이를 계기로 템플 스테이를 접하고, 여기서 사찰음식을 잘 만드는 스님을 만납니다. 행사 이후에 그는 개인적으로 한 번 더 그 사찰 방문을 했었죠. 이런 인연으로 뉴욕에 있는 본인의 식당, 르베르나르당에 사찰에서 만났던 그 스님을 초청합니다. 62개의 그릇 세트, 15년산 간장, 2종류의 김치, 다양한 국내산 야채, 그리고 그 스님이 만든 각종 소스가 담긴 23개의 상자가 태평양을 건넙니다. 스님은 이 재료를 가지고 직접 요리한 음식으로 식당에 초대된 각계의 저명인사들에게 한국음식을 선보였죠. 여기에 참석했던 〈뉴욕타임즈〉 기자가 글을 씁니다. "세상에서 가장 고귀한(exquisite) 음식을 먹고 싶다면, 뉴욕도 아니고 덴마크도 아닌 한국의 사찰, 천진암을 찾아라." 이 글을 본 넷플릭스 관계자들이 천진암의 정관 스님을 찾습니다. 셰프가 아닌 스님이 다큐의 주인공이 된 사연입니다.

세계 유명 셰프와 한국 사찰과의 만남은 이것이 다가 아닙니다. 재미있는 에피소드들이 있습니다. 한 예로, 미국 오바마^{Barack Obama} 대통령 시절 백악관 영양정책 수석고문은 셰프 샘 카스^{Sam Kass}인데요, 오바마 대통령이 그에게 특별 요청을 합니다. 불고기를 매우 좋아하는 자신을 위해서 한국의 음식을 더 배워 달라는 주문이었죠. 샘 셰프는 건강식으로 유명하다는 한국의 한 사찰을 찾아옵니다. 육식을 거부하는 사찰이 불고기 요리를 가르쳐 줄 수는 없고, 다른 음식을 전수하기로 고민을 했죠. 근데 샘 셰프가 된장을 가르쳐 달라 하네요. 된장을 가르치려니 콩부터 시작해야 했고, 결국 샘 셰프는 콩국수까지 배우게 됩니다. 미국으로 돌아가는 길에 샘 셰프가 말합니다. 미국에 가서 대통령님께 불고기 말고, 햄버거도 말고 콩국수를 대접해 드리겠다고요. 미국 대통령의 식단이 동물성 단백질에서 식물성 단백질로 치환되는 순간입니다.

〈자료 26〉 넷플릭스 Chef's table 티저, 노마 발효 가이드
출처: 넷플릭스, 한스미디어

에피소드를 1개 더 들려 드리겠습니다. 코펜하겐에는 노마라는 식당이 있습니다. 앞선 〈뉴욕타임즈〉 기자가 언급했던 덴마크가 바로 여기를 지칭하는 것이었는데요, 4년 넘게 연속으로 세계최고 레스토랑으로 등재된 매우 저명한 곳이죠. 지역 식재료만 쓰는 것으로도 유명하지만, 여기의 주방은 매우 특이합니다. 아주 특별한 방이 있습니다. 다른 곳에서 볼 수 없는 랩실인데요, 바로 발효 랩실입니다. 유명 요리사들은 발효기법을 많아 활용하죠. 하지만 랩실까지 구비한 곳은 노마가 유일하다고 하네요. 이 식당의 주인

이자 셰프인 르네 레드제피$^{Rene\ Redzepi}$는 한국 사찰을 방문한 것은 물론이고, 한발 더 나아가 《노마 발효 가이드》라는 책도 썼습니다. 이 책과 그의 블로그에는 김치 만드는 법이 수록되어 있고요. 그렇다면 유수한 세계 셰프들이 왜 이리 빈번하게 한국의 사찰음식을 찾는 것일까요? 제가 이 현상을 분석해보았습니다.

봄이라는 계절하면 어떤 음식이 연상되나요? 달래무침, 냉이 된장국, 그리고 초고추장에 두릅, 입맛 도는 음식들이 생각납니다. 오이무침, 열무 냉면은 어떤가요? 표고버섯전, 더덕무침은 어느 계절이 떠오르고요? 또 연근조림, 우엉볶음은요? 이렇게 순서대로 말씀드리고 있는 것처럼 한국엔 뚜렷한 사계절이 있죠. 이에 계절의 변화에 따라 온도, 습도, 일조량, 강우량 등 환경의 차이가 뚜렷해지면서, 그 영향을 받은 계절별 채소가 매우 다양합니다. 또한, 계절 변화에 적응하면서 자연스럽게 생성된 채소에 따라 영양가치도 다르고요. 예를 들어, 봄철의 향기나는 나물은 겨울에 얼었던 인간의 몸을 깨우고, 에너지 대사에 필요한 비타민과 무기질을 공급해 활력을 줍니다. 버섯과 같이 점액성이 있는 음식은 면역력을 길러 다가올 추위를 대비하게 한다고 하죠.

그런데, 경제가 발전하고 서구문명이 들어오면서 한국의 음식 문화에도 많은 변화가 생겼습니다. 과거에는 없던 대장암이 많이 발생한 것처럼 육류와 가공식품섭취가 늘어났죠. 하지만 여전히 한국은 그 어느 나라보다도 채소 소비량이 많습니다. OECD 국가 평균 대비 2배로 거의 최고 수준에 위치합니다. 어떻게 한국인은 온갖 현대적 삶의 압박 아래에서도 채소를 많이 섭취하는 식생활을 유지할 수 있었을까요?

이는 음식문화에서 답을 찾을 수 있습니다. 우리는 서구처럼 채소를 단순히 건강에 좋기 때문에 '선택적'으로 섭취하는 것이 아닙니다. 당장에 질문을 하나 드려볼까요? 여러분들은 오늘 점심에 반찬으로 무엇을 드셨나요? 매우 쉬운 질문이죠. 우리는 김치와 나물을 매일 먹고 있지 않는지요. 우리는 오랜 식습관으로 채소를 '맛있는' 음식으로 즐기기 때문입니다. 더구나 채소를 생으로 먹기보다는 데쳐서 나물로 먹다 보니 많은 양을 한꺼번에 먹을 수 있는 이점이 있고요.

그런데 이러한 상황에서 육류 섭취가 완전히 배제된다면 어떤 일이 벌어질까요? 어려운 가정은 아닙니다. 사찰이라면 이 상황이 일상이겠죠. 육류 없는 그런 세상 말입니다. 여기서 질문이 생깁니다. 시금치만으로 뽀빠이의 근육이 만들어지지 않듯, 육류 없이 채소가 그득한 사찰음식은 어떻게 균형 잡힌 건강을 요리했을까요? 무엇으로 에너지원이 될 영양소를 챙길까요?

사찰음식의 기저에는 바로 콩이 있습니다. 된장, 고추장, 간장, 두부, 콩국, 콩나물, 콩장, 유부, 콩떡… 콩의 요리 세계는 우리 일반 소비자들의 식탁 위와 별반 다르지 않습니다. 하지만 동물성 식품의 선택이 제한된 사찰에서의 콩은 매우 특별하죠. 단백질의 주요 공급원이기 때문입니다.

그런데 사찰은 식재료들을 어디서 구할까요? 대개 산에 연계된 제한적인 거주 환경 덕분에 주변은 유기농 재배지로 정착되어 있습니다. 자연스럽게 안전한 식재료를 얻겠죠. 자연 친화적인 유기농 식재료의 사용이 이상적인 건강 식단을 완성했습니다. 우리는 이쯤에서 앞서 셰프들의 에피소드와 한국음식 내용에서 공통점을 발견할 수 있습니다. 그것은 바로 발효기반 조리법입니다. 미래식품을 구상하는 서구에서 일번으로 꼽고 있는 장르가 바로 발효죠. 이러한 유수한 점들이 스타 셰프와의 접점인 동시에 매력 포인트가 된 것입니다. 또한 특별하고 세련된 맛내기는 사찰의 음식문화가 만들어낸 소산입니다. 사계절 내내 식물성 음식만 먹어야 하는 단순함을 극복하기 위한, 다양성 추구에서 발전되어온 오래된 특징이죠.

이렇게 한국 전통 음식문화가 사찰음식에 함축되어 있습니다. 서구에서 그토록 힘들게 동물성 단백질을 식물로 대체하고자 하는 대체식품이 등장한 이유와 대체식품이 갖는 목표가 이미 한국 음식문화에 내포되어 있는 것이죠. 한국의 음식은 맛뿐 아니라 건강한 식단으로서 안전하고 효율적이며, 지속 가능성을 내포하고 있습니다. 서구인들이 원하는 미래식품의 모델이라 할 만합니다(자료 27).

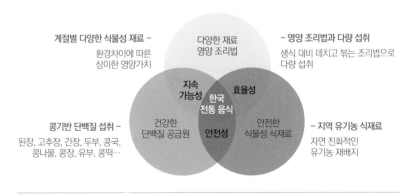

〈자료 27〉 한국 전통 음식문화 특징
출처: 필자 작성

그렇다면 여기서 콩(대두)의 세계를 좀 더 열어 보겠습니다. 대체 단백질, 그중에서도 전 세계적으로 현재 주류를 이루고 있는 식물기반 대체육과 대체우유의 원료가 콩이기에 살펴볼 충분한 가치가 있기 때문입니다.

'콩' 우리는 일상, 서구는 혁신

콩은 유구한 역사와 함께 한국에서 주식으로 자리 잡아왔습니다. 반면 서구는 콩을 가축사료와 산업용으로만 이용해왔죠. 서구에서는 콩의 80%가 가축사료이고, 나머지 대부분도 기름으로 추출합니다. 먹지도 않았던, 익숙하지 않은 식재료를 새롭게 다루느라 애쓰고 있는 서구입니다. 콩 외의 사례들도 많습니다. 4000년이 넘도록 동양의 식품역사에 남아 있는 녹두도 한 예입니다. 우리는 '익숙하게' 녹두전과 숙주나물로 녹두를 먹고 있죠. 반면 대체 계란을 만든 잇저스트는 '처음 본' 식물 녹두에서 테크의 힘을 빌려 계란의 단백질 요소를 찾아냈고요. 이것이 서구에서 대체식품 시장이 정착하는 데 시간이 걸리는 이유 중 하나입니다. 콩과 같은 식물성 단백질 섭취가 익숙한 한국에서는 대체식품에 대한 빠른 반응이 어렵고요. 서구에서 푸드테크라는 이름하에 대체식품 등장이 그리 요란스러웠던 것과는 달리, 한국에서는 조용할 수밖에 없었던 이유이기도 합니다.

콩은 기본적으로 단백질 함량(45%)이 우수합니다. 따라서 콩은 옥수수·밀·벼·보리·콩 등 5대 작물 중 생산량 비중은 8%밖에 안 되지만 단백질 기준으로는 그 비중이 30%에 이르죠. 콩을 통한 단백질 공급량은 전체 육류 공급의 1.4배에 이르고요(FAO). 콩에는 단백질 외에도 영양소가 고루 함유되어 있습니다(자료 28). 그러므로 한국은 콩을 대표하는 식품, 두부와 두유로 한국인의 건강을 지켜왔다고 해도 과언이 아닙니다. 그런데 두부로 성장해서 두부의 대표적인 기업이 된 풀무원의 판매 시장이 바뀌었습니다. 풀무원의 요즘 주무대가 한국이 아니네요. 대체 단백질이 간절한 미국에서 판매망을 확장하고 있습니다. 우리가 모르는 사이 미국 두부소비의 75%를 풀무원이 점유하고 있고요. 물론 미국 시장 개척이 쉽지는 않았죠. 미국 진출 29년 만에 흑자전환과 더불어 얻은 쾌거라 합니다. 아무튼 미국인의 상당수가 이제 두부를 접하고 있음을 확인했습니다.

두유는 어떤가요? 한국에서 두유가 생성된 흥미로운 초기 이야기부터 해보죠. 어느 소아과 의사가 인턴시절 우유를 소화하지 못해 아이가 죽어가는 모습을 목격합니다. 그리고는 30년 뒤 많은 한국인이 우유를 소화하지 못하는 유당불내증을 가지고 있고, 이것이 아이의 죽음의 원인임을 알게 됩니다. 이에 그는 유당이 함유되지 않은 대체 유액을 궁리했죠. 우유 못지않게 단백질이 풍부한 대체식품으로 콩을 연구하기 시작해, 마침내 1967년에 국내 최초로 콩으로 만든 음료를 출시합니다. 치료식으로 시작한 콩국물을 우리 가정에 건강한 음료 두유로 정착시킨, 바로 정식품의 베지밀(Vegemil=vegetable+milk)입니다. 그는 100세로 타계할 때까지 '인류건강 문화에 이 몸 바치고자'를 이념으로 평생 콩과 두유의 연구에만 매달렸습니다. 하루도 빠지지 않고 하루에 네 번, 6시간마다 두유를 음용했다는 그의 인터뷰는, 식물성 고단백질 섭취로 100세 건강을 유지했을 것이라는 추측을 낳게 합니다. 베지밀 출시 후 50여 년 동안 수많은 두유업체가 생겼지만, 베지밀 매출을 넘어본 업체가 없다고 하죠. 한국의 유당불내증을 치유하고자 우유 대신 두유를 만들어 일상처럼 음용하던 한국과는 달리, 서구는 이제서야 온갖 곡물로, 그리고 정밀발효와 AI를 동원해 식물성 유청 단백질을 개발해 대체우유를 만들고 있습니다. 아몬드 우유, 귀리 우유, 식물성 우유 등은 이미 앞에서 많이 들어보았죠.

	콩(대두)의 활용						〈서구의 경우〉	
영양소	콩(원형 그대로)						대두박(3% 중)	콩의 활용
	단백질 45% 지방 20% 탄수화물 30% 무기질 및 비타민 5%						조직화(지방,섬유소 제거)로 단백질 양 90%까지 증가	80% 대두박 97% 동물사료 3% 음식제품 (대체 단백질 포함)
필수 아미노산	9가지 종류 중, 메티오닌 부족						고도 가공	
활용 식품	날것	익힘	발효		가공	발아	대체 단백질 공급원료	20% 기름 68% 음식 (식용기름, 스낵 등)
			간장 | 된장	청국장 | 낫또	두부 | 두유	콩나물		
소화 흡수율	방해효소 함유	60% 증진	85%	90%	95% | 95%	익혀 먹으면 증진	식품가공 시, 첨가물에 따라 영양소 가변	25% 바이오디젤 7% 산업용
영양소 생성	영양소 그대로 유지	영양소 그대로 유지	·비타민 B1 B6 B12 생성 ·장내 유익균 생성		영양소 그대로 유지	·비타민 C 생성 ·비타민 A 18배 증진 ·아스파라긴산 풍부		

참고: 단백질 소화 흡수율 콩1: 쇠고기0.92

〈자료 28〉 콩의 활용과 영양소
출처: 필자 작성

　한국 콩문화에는 알쓸신잡한 정보가 많이 숨어 있습니다. 콩은 필수 아미노산 중 라이신이 풍부하지만, 메티오닌은 부족합니다. 반대로 쌀은 메티오닌이 풍부하죠. 그래서 콩과 쌀을 함께 섭취하면 필수 아미노산이 상호보완 됩니다. 9가지 필수 아미노산을 충분하게 함유하고 있어서 완전 단백질을 자랑하는 동물성 단백질을 얻을 수 있는 것입니다. 더구나 육류의 포화지방과 콜레스테롤 대신 비타민, 미네랄, 섬유질을 섭취할 수 있고요. '콩밥'은 서구에서는 꿈도 못 꿀, 우리만의 고품질 완전 단백질 음식입니다.

때마침 서구에서 깜짝 놀랄 만한 콩 관련 뉴스가 날아왔습니다. 뉴욕에서 들어온 뉴스인데요. 콩으로 만든 햄버거로 시끄러워하던 서구인들이 급기야 뉴욕 한복판에서 청국장을 먹기 시작했다고 합니다. 이야기의 전말이 이렇습니다. 미국 최고의 레스토랑으로 뉴욕 소재의 한국 식당이 선정되었습니다. 미국 전역 식당업계가 술렁거렸죠. 2022 세계 베스트 50 레스토랑(The World's 50 Best Restaurants)에서 한식당 아토믹스(atomix)가 미국 지역 전체 1위(글로벌 33위)에 이름을 올린 것입니다. '베스트 50'은 전 세계 미식업계의 오스카상으로 불리고 미쉐린 가이드와 함께 가장 권위 있는 식당 평가 리스트죠. 한식당 아토믹스가 선보인 메뉴는 '청국장과 보리굴비, 김부각과 창난젓, 두부와 청포묵'입니다. 이름에서만 봐도 알 수 있듯이 발효 조리법이 활용되었습니다. 콩을 발효한 맛에 흥미로워하고, 건강에 관심이 많은 미국의 고객을 두부와 청국장으로 사로잡은 것입니다.

이 상황에 대해 여러분은 어떤 생각이 드시나요? 여기서 잠깐 생각을 해봐야 합니다. 2022년 최고의 식당으로 선정되기까지 아토믹스가 각고의 노력을 했겠지만, 기저에는 K-문화가 있음을 놓쳐서는 안 됩니다. 지금 우리는 K가 붙으면 전 세계가 열광하는 시절을 살고 있습니다. 싸이, BTS에 이은 K-pop에 이어 K-라면, K-빵, K-과자, K-화장품, 요즈음은 K-김밥도요. 하지만 이러한 성과가 단숨에 얻은 쾌거가 아닙니다. 2009년 당시 대통령 부인이 직접 나서서 한식의 세계화라는 구호 아래 각계 각층의 인사와 식품업계의 거물들을 모아 특별전담조직을 구축했습니다. 그리고 세계로 열심히 홍보하면서 움직여 다녔죠. 결과는 실패였습니다. 퓨전이다, 정체성이 없다, 예산만 낭비했다 등등 뒷말도 많았고요. 지금은 어떠한가요. K-푸드에 대한 인식의 전환과 함께 무서운 속도로 K-문화가 전파되어 있습니다. 그 영향력을 보여주는 단적인 예가 있습니다. 아토믹스의 메뉴판인데요, 예전 같으면 된장국은 soy soup으로 표기해야 서구는 이해했었죠. 지금은 아닙니다. 소리나는 그대로, 한국말 그대로 표기합니다. 두부는 일본식 발음, tofu가 아니라 한국식 발음, Dubu(두부)이고, 호박은 pumpkin이 아니고 Hobak(호박)이라 명기합니다.

이렇게 한국의 전통 식단을 미래식품의 모델로 삼고자 하는 기대에, 풍부하고 충족한 사실기반 이야기들이 뒷받침합니다. 간장, 된장, 두부, 두유의 콩에서 콩밥까지 다루었습니다. K-푸드까지도요. 그렇다면, 이쯤에서 우리의 주식인 쌀을 열어보지 않을 수 없습니다.

2) 주식(主食) 업데이트, '쌀'의 혁신

주식(主食)의 업데이트에 도전합니다
수입 밀가루(밀 자급률 0.8%) 대신 국산 '가루쌀'

한동안 잘나가던 전기밥솥회사에 위기가 가중되고 있다는 뉴스가 연일 뜨겁습니다. 무엇 때문일까요? 쌀 소비량이 꾸준히 감소하고 있기 때문이죠. 2023년 기준 1인당 연간 쌀 소비량은 30년 전 대비 절반 수준이라고 합니다. 그런데 밥솥의 불이 꺼진 반면에 소비가 활활 타오르는 곳이 있네요. 바로 '햇반'이 대명사로 불리우는 즉석밥 시장입니다. 쌀 소비가 전년 대비 0.6% 감소한 반면, 햇반을 포함한, 주먹밥, 도시락류 소비는 10.7% 증가했습니다. 떡은 15.6%, 전분 제품류는 17.3%, 쌀로 만든 과자류는 28%, 모두 증가율을 보이고 있습니다(통계청, 2024). 한국인이 최근에 하루에 1인당 밥 한 공기 반밖에 안 먹는다는 뉴스로 염려했는데, 통계치를 열어보니 좀 어리둥절하네요. 국민 1인당 연간 쌀 소비량이 10년 가까이 줄고 있는 가운데 가공용 쌀 소비량은 오히려 증가세를 보이고 있다고요. 그런데 감소하는 것도 증가세인 것도 모두 동일한 쌀 아닌가요? 사실을 정리해보겠습니다.

  통계에서의 쌀 소비는 두 부문으로 나뉘어 조사가 되는데요, 우리가 일반적으로 언론 매체에서 접하는 쌀 소비량은 가구 부문으로, 집에서 직접 조리해 식용으로 소비한 양을 말합니다. 다른 한 부문은 쌀 가공품 소비라고 부릅니다. 즉, 집에서 취사하지 않고 구매해서 먹는, 식료품과 음료의 재료로 쓰이는 쌀 소비량을 의미하죠. 즉석밥, 편의점 주먹밥, 도시락, 떡국, 떡볶이, 쌀국수, 쌀빵, 쌀과자, 장류, 쌀막걸리, 쌀맥주 등이 모두 그 식음료에 해당합니다. 기술문명의 발전과 함께 스마트해진 인류는 결국 쌀에서도 밥솥보다 '더 편리'한 즉석 소비를 택했습니다.

  여기서 우리는 중요한 시사점을 얻습니다. 우리가 '편리'한 쌀 소비를 포함한 다양한 방법으로 쌀을 꾸준히, 충분하게, 맛있게,

잘 먹고 있다는 것이죠. 라면을 먹어도 밥을 말아 먹는 것이 우리의 식습관입니다. 이런 데서 역시 한국인의 '밥심'을 확인합니다. 언론이 쌀을 주제로 뜨겁게 다루는 것이 그저 흥분을 유발하기 위한 것이 아닙니다. 쌀이 우리의 소중한 주식이기 때문이죠. 그래서 여기서 출발하겠습니다. 우리의 주식(主食), 쌀의 관점에서 한국인에 적합한 미래식품, 더 나아가 한국인의 미래식단을 구상해 보겠습니다.

앞서 살펴본 것처럼 쌀 소비에 있어 가구 부문은 감소하고, 가공용 부문은 증가를 했습니다. 그렇다면 그 증감 사이는 무엇이 메꾸었을까요? 기본적인 식사량으로 보면 쌀 소비 감소만큼은 무엇인가 대체를 하고 있다는 의미죠. 육류는 아닙니다. 2022년 육류 소비가 처음으로 쌀 소비(가구 부문)보다 많아졌다고 하지만, 우리가 밥 대신 고기를 먹지는 않죠. 밥과 고기를 같이 먹습니다. 고기를 먹고 나면 으레 느끼함을 보완하고자, 습관적으로 밥과 된장국, 아니면 전분으로 만든 냉면을 먹지 않는지요. 고기 볶음이라면 밥 반찬으로 먹고요. 이처럼 우리의 식단에서 고기는 쌀의 대체재가 아니라 보완재입니다. 보완재 이야기가 나온 김에, 쌀의 대체재를 찾기 전에 먼저 더 살펴보고 가겠습니다.

육류 섭취가 증가한다고 언론 매체가 걱정합니다. 하지만 평균 수치로 보는 한계가 있다고 해도, 현재 소비량은 영양학적으로 적정합니다. 육류에서 얻고자 하는 첫 번째 영양소가 단백질이죠. 건강한 성인의 몸무게×1(g)이 의학계가 제시하는 하루 단백질 양입니다. 몸무게 70kg의 성인이라면 단백질 70g이 필요하다는 의미죠. 단백질의 또 다른 주요 공급원인 수산물도 함께 살펴봅니다. 다음 표(곡물 및 주요 농산물 소비량-자료 29)에 의하면, 육류와 수산물 소비에서 얻는 단백질량이 각각 45.5g, 35.9g입니다. 이를 합산하면 81.4g으로 이상적인 하루 단백질량에 해당합니다. 일반적인 5(탄수화물):3(단백질):2(지방) 비율의 영양 균형 면에서도 바람직합니다. 쌀에서 얻는 탄수화물양이 99g 정도이니, 단백질의 중요성 부각으로 4(탄):4(단):2(지)비율을 주창한다 해도 나쁘지 않습니다. 다만 지금보다 육류 섭취가 증가하면, 그때 걱정할 문제가 발생하겠죠. 서구에서 찾는 유형의 대체식품이 필요할지도 모릅니다.

2022-23	1인당	쌀	양곡	밀	채소	수산물	소고기	돼지고기	닭고기	육류합
연 소비량(kg)	56.7	7.3	36.9	149.5	68	14.8	30.1	15.7	60.6
하루 소비량(g)	155	20	101	409.6	186	40.5	82.5	43	166
(탄수화물량) / 단백질량	(99)				35.9	11.3	22.6	11.6	45.5

양곡(쌀과 밀 제외): 보리쌀, 잡곡, 두류, 서류(고구마, 감자) | 양곡은 2023년, 나머지 2022년 기준

〈자료 29〉 곡물 및 주요 농산물 소비량
출처: 필자 작성

한편 언론에서 육류 소비 증가와는 반대로 채소 소비가 감소한다고 또 염려합니다. 하지만 실제로 채소 소비량은 근 10여 년간 유사한 양의 소비를 유지해왔습니다. 이 소비량은 전술한 대로 세계 1위입니다. 더구나 WHO가 권장하는 하루 양 400g 이상을 소비하죠. 우리는 어떻게 이 양을 유지해왔을까요? 우리는 밥의 반찬으로, 찌개로, 국으로, 그리고 고기와 늘 함께 채소를 일상으로 먹습니다. 이에 더해 우리는 채소를 생으로 보다는 데치거나 볶는 조리법으로 훨씬 많은 양을 먹을 수 있고요. 사계절 섭취

하는 다양한 채소가, 서구가 그토록 목말라 하는 비타민, 무기질, 섬유소를 우리에게 제공합니다. 또한 육류(소 37.1%, 돼지 72.6%, 닭 82.4%), 수산물(71%) 채소(91.1%)의 자급율도 어느 정도 충족되는 양입니다.

이처럼 한국인의 식단에서 육류, 수산물과 채소는 쌀의 보완재로서 필요 충분한 역할을 유지하고 있습니다.

그러면 이제 쌀의 대체재를 찾아볼까요? 우리가 쉽게 상상하듯, 라면, 빵… 바로 밀입니다. 우리의 밀 소비량은 쌀 소비량의 65%를 차지합니다. 1인당 하루 쌀 소비량이 햇반 1개 반이라고 한다고 하면, 밀 소비량은 거의 1개에 해당한다는 의미죠. 적정한 밥 섭취량 대신에 라면, 빵 등 상당한 양의 밀 가공품을 먹고 있는 것입니다. 빵 섭취 통계만 따로 보면, 1인당 연간 78~92개를 섭취합니다(식약처, 2019). 왜 그럴까요? 간단합니다. 편리하고 맛있기 때문이죠. 우리가 쌀을 덜 먹는 것이 쌀이 싫어서가 아니라 쌀을 조리해서 밥과 반찬을 해먹는 과정이 불편하기 때문이라는 이유와 일맥상통합니다. 농축산물과 유제품을 제외하면 식품 온, 오프라인 쇼핑몰의 식품 카테고리의 대부분은 밀이 재료인 제품입니다. 스낵, 쿠키, 파이, 크래커, 과자, 초콜릿, 라면, 면, 파스타, 카레, 짜장, 떡, 만두, 피자, 핫도그, 햄, 어묵, 맛살, 빈대떡, 부침개, 동그랑땡, 식빵, 호빵, 찐빵, 호떡, 케이크, 롤케이크, 카스텔라, 베이글, 머핀, 와플, 도넛… 다양한 제품을 골라먹는 재미까지 쏠쏠합니다. 더구나 디자인의 발달로 이쁘고 멋있는 포장이 구매를 촉진하기도 하고요.

그런데 맛있고 편한, 이 많고 다양한 밀 제품들이 건강에는 어떤 영향을 미칠까요? 일례로 빵을 살펴보겠습니다. 〈자료 30〉을 보면, 우선 국내의 빵 섭취가 바게트, 식빵, 베이글 등 주식용 빵보다는 케이크, 파이, 도넛 등 달고 기름진 빵에 치중되어 있습니다. 빵의 평균 당류 함량(22.9g)이 하루 당류 섭취 권고량(50g)의 거의 반을 차지하고 있고요. 이런 빵을 담백한 밥 대신 먹고 있다는 것이죠. 이보다 더 불편한 진실은 밀의 소화 문제입니다. 여러분은 혹시, 쫄깃한 식감과 고소한 풍미로 즐거워진 입맛과 달리 섭취 후 매번 속이 좋지 않거나 두통이 발생하는 등 이상 증세를 겪어본 경험이 없는지요. 이런 현상은 나이가 들수록, 소화력이 약해질수록 증세가 더 심해지죠. 밀가루의 글루텐(Gluten) 성분 때문인데요, 이는 복통, 변비, 복부팽만 등 소화기능 장애부터 두통, 피부질환, 만성피로, 근육통까지 무척 다양한 알레르기 증상을 일으킵니다. 쌀보다 밀가루를 많이 섭취하는 서구는 이 문제에 대해 더 취약합니다. 특히, 몇 년 전부터 아시아인에게는 잘 발생하지 않는, 복강병(腹腔病, celiac disease)도 유발하기 시작했습니다. 이

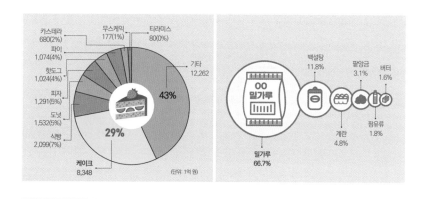

〈자료 30〉 빵 종류별 매출현황과 빵의 원료 비중
출처: 식약처

병은 글루텐 섭취로 인해 소장이 손상되는 심각한 자가면역 질환으로, 심하면 사망에 이르기까지 합니다. 글루텐을 섭취해본 사람 중 걸릴 수 있고, 무서운 점은 유전된다는 것입니다. 여기에서 벗어날 수 있는 단 한 가지 약이 '글루텐 프리(Gluten-free)'입니다. 글루텐을 섭취하지 않는 것이죠. 이에 따라 글로벌 글루텐 프리 시장은 선진국을 중심으로 78억 6,000만 달러(약 10조 2,000억 원, 2021) 규모로 확대되었습니다. 전 세계적으로도 얼마나 많은 밀을 소비하고 글루텐에 노출되었는지 가늠해볼 수 있습니다.

그렇다면 밀은 어디서 공급될까요? 국내의 밀 자급율은 1.1%입니다. 사료용을 빼고 나면 0.8%로 내려가죠. 그러니까 98.9% 이상, 국내에서 섭취하는 밀은 전부 수입이라 해도 과언이 아닙니다. 우리가 섭취하는 밀 재료의 식품은 모두 수입 밀로 만들어지는 것입니다. 반면에 쌀은 거의 100% 자급입니다. 이러한 비대칭적 자급구조가, 쌀이 밥보다 쌀빵이나 쌀국수 등의 가공품 원료로 많이 쓰여야 하는 이유 중 하나입니다. 그런데 쌀을 가공품으로 만들려면 가루를 내야 하죠. 또 가루를 내려면 먼저 단단한 쌀을 물에 불려야 하는데요, 여기에 많은 시간과 노동력이 요구됩니다. 제분기에 넣어 빻으면 가루로 만들 수 있는 밀과 달리, 쌀은 물에 불린 후 물기를 없애고 기계에서 빻은 뒤 건조해야 하는 과정을 거쳐야 가루가 되는 것이죠. 쌀을 가루로 만들 때 드는 가공비용이 밀을 가루로 만들 때 드는 비용보다 2~3배 비싼 이유이고요. 이렇다 보니, 식품가공 산업에서 원재료로 구매된 쌀 58만 6,000톤 가운데 쌀가루로 전환된 양은 3만 3,000톤에 그쳤죠(2017). 쌀을 불리는 번거로움과 가공비용이 쌀 산업화에 제약이 된 것입니다. 쌀이 남아도는 상황에서 진퇴양난입니다. 잉여의 쌀은 활용이 어렵고, 그만큼 자급율이 낮은 밀의 소비량은 늘어만 갑니다. 1% 미만의 적은 양의 우리밀은 수급이 어려운 만큼 가격이 비싸고요. 따라서 편리에 젖은 소비자는 건강을 돌아보기도 전에, 맛이 좋고 더 싼 수입 밀 식품에 손을 뻗칠 수밖에 없습니다.

정부가 이렇게 오래 누적된 문제를 외면할 리가 없습니다. 일찍이 2012년 국립식량과학원(작물육종과) 연구원들이 밀처럼 쌀을 불리지 않은 상태로 빻아서 사용할 수 있는 품종(수원 542호)을 개발합니다. 7여 년에 걸친 장기 연구 결과였죠. 가루 전용 쌀품종으로는 세계 최초 개발이고요. 그런데 이 새로운 품종에 단점이 지적되었습니다. 벼에 피해를 주는 잎마름병 및 도열병 등에 뚜렷한 저항성이 없고, 특히 수확기에 잦은 강우에 의한 수발아 피해 등 낮은 재배 안정성이 밝혀졌죠. 하지만 이에 굴하지 않고 거듭된 연구에 매진해 다시 7년 만인 2019년, 재배 안정성이 보완된 **가루쌀(바로미2)**을 개발해서 특허를 출원하고 보급 중입니다. 우리만의 혁신이 시작되었습니다.

특허출원 가루쌀은 본래 개발 목적대로, 기존 쌀과 달리 물에 불리지 않고 밀처럼 바로 빻아 가루로 만들 수 있는 점이 가장 큰 특징입니다. 밀가루로 대체하기에 최적이죠. 또한 쌀의 경도가 낮아 제분비용이 일반 쌀 제분비용의 절반 수준에 불과하고요. 그래서 소규모 업체의 제분기로도 쉽게 빻을 수 있으며 기존의 대규모 밀 제분 설비를 통해 대량생산도 가능합니다. 또 다른 큰 이점으로는 이모작이 용이한데요, 일반 벼보다 생육기간이 20~30일 정도 짧아서 밀, 보리 등과의 돌려짓기까지 가능한 품종입니다. 뿐만 아니라, 습식제분 된 쌀가루를 유통하는 데 요구되는 냉동보관과 살균, 건조 등 추가 공정도 불필요하죠. 습식 쌀가루와 비교할 때 폐수(쌀가루 100kg 생산에 500리터의 쌀뜨물 발생)도 발생하지 않아 친환경적이기까지 합니다. 이러한 특징을 감지한 재빠른 스타트업이, 가루 입자 크기가 작고 발효 속도가 빠른 가루쌀의 장점을 활용한 제품을 출시해 수출 실적도 올리고 있습니다. 가루쌀맥주가 그 주인공이죠.

수입 밀을 대체할 수 있는 가루쌀의 혜택은 쌀 소비를 증가시키는 것 외에 글루텐 프리라는 큰 이점이 있습니다. 글루텐의 위험성은 앞서 살펴보았죠. 최근에는 글루텐 문제뿐 아니라 미국이나 캐나다, 호주 등에서 생산되는 수입 밀의 경우, 수확 직전에 뿌리는 라운드업(비 선택성 제초제)에 함유된 글리포세이트(Glyphosate)가 더 큰 위험인자로 인식되고 있는데요, 글리포세이트는 장내 미생물을 교란시켜, 장으로 인한 모든 질병을 유발할 수 있고, 복강병의 원인으로 지목되고 있습니다. 가루쌀은 이렇게 무서운 수입 밀로부터의 불안과 위험을 해소시킬 수 있습니다.

따라서 정부는 가루쌀의 생산량 확대 지원책을 강구하고 있습니다. 가루쌀 특허출원 후 기술이전을 통해서 생산-가공 계약재배를 적극 유도합니다. 또한 가루쌀-밀 이모작을 하는 경우 전략작물직불 1ha(3,025평)당 250만 원을 지원하고요. '우리쌀빵 경진대회'도 개최해 여기에서 수상한 레시피를 제품화하는 일을 추진하고, 전국 10개 대학과 협업해 가루쌀 빵으로 구성한 '천 원의 아침밥' 등, 쌀 중심의 건강한 식습관 형성을 위한 정책도 강화하고 있습니다. 지역별로 쿠킹 클래스도 개최되고 있죠. 이렇듯 정부 주도하에 2027년까지 수입 밀 10%를 대체하겠다는 목표가 규모의 경제로 확장되고, 아울러 지속적으로 국산 밀 생산 및 산업화를 리드할 것으로 산업계는 전망합니다.

이와 관련한 또 다른 정부의 혁신적 수고가 있습니다. 국제 밀 수급 불안에 대비하고, 국산 밀 생산량 증가를 위한 탁월한 농법이 조용히 수행되고 있죠. 바로 한국형 '**밀 스피드 브리딩(Speed Breeding)**' 육종 기술입니다. 온실이나 생장실과 같은 통제된 환경에서 성장주기를 가속화하는 기술로 약 55~60일 만에 이삭이 나오고, 88일 만에 수확할 수 있어서 1년에 네 번이나 밀을 재배할 수 있습니다. 더구나 품종 육성에 필요한 기간이 기존 8년에서 2년으로 줄어들어서, 생산성 시험과 지역 적응시험을 포함한 신품종 개발 기간이 최종적으로 13년에서 7년으로 줄어드는 획기적인 첨단 육종 기술이라고 합니다. 60여 년 전 녹색혁명 당시 멕시코와 미국이 밀 수입국에서 수출국으로 탈바꿈할 수 있었던 것도 이 기술이 원천인 셔틀(Shuttle) 육종법이었죠. 이 기술은 2019년부터 국립식량과학원 주도로 실제 육종 현장에 활용하고 있습니다. 2년 동안 연간 4회 재배와 2년간의 노지 시험을 통해 총 4년 만에 품질과 생산성이 우수한 계통을 육성했으며, 현재는 품종 개발을 위한 현장평가를 진행하고 있습니다. 또한, 이 기술을 통해 밀의 공공비축도 확대할 계획입니다. 식량과학원은 이미 일본(2~3개월 비축), 중국(3~6개월 비축) 등 해외 시장의 수입 밀 비축 현황을 기반으로 타당성 조사를 착수했습니다.

통상적으로 아시아 지역은 밀을 재배하기에 최적의 환경이 아닌 것으로 알려져 있습니다. 이 때문에 역사적으로 오랜 시간 우리를 비롯한 아시아인의 주식은 쌀밥이었죠. 그런데 21세기 들어서 밀 음식의 인기가 높아지자, 국내 조달이 가능한 쌀은 남아나고, 해외 밀 수입이 크게 늘었던 것이죠. 때로는 교란된 글로벌 밀 공급망 안에서 수입여건도 자유롭지 못했고요. 하지만 이러한 지정학적 불편함에도 불구하고, 첨단 기술이 우리를 돕고 있습니다. 스피드 브리딩 육종법 또한 첨단 IT가 가세된 작품이죠. 성장 챔버, LED 성장 조명, 자동 관개 시스템, 기후 제어 시스템, 영양분 전달 시스템, 고품질 성장 배지, 인체공학적 배지 트레이, 모니터링 카메라 및 이미징 시스템, 분광계 센서 분석 및 데이터 수집 도구가 수반됩니다.

그러나 반가운 소식들 앞에는 항상 과중한 숙제가 남는 법입니다. 소비자가 밥 대신 수입 밀일지라도 밀 가공식품을 열심히 구매하고 섭취한 이유가 분명하기 때문이죠. 단순히 가격이 싸서 구매하는 걸까요? 아닙니다. 다양한 제품 구성, 편리한 접근, 그리고 무엇보다도 맛이 있었기 때문입니다. 여기서 밀을 이기기 위한 쌀의 혁신이 요구되었고, 결과적으로 가루쌀이 등장했습니다. 지금은 주식(主食)의 업데이트에 도전할 기회입니다. 건강식을 기대하는 소비자는 밥뿐 아니라 맛있고 다양한 쌀 가공식품을 기대합니다. 그런데 요즘의 일반적인 소비자는 어떠할까요? 디지털 기술 시대를 맞아 제품 생산 입장에서 응용된 기술혁신을 반기는 만큼, 상대적으로 반대편 수요측면의 소비자 또한 이제까지와는 다른 소비 행태를 보입니다. 가치소비 트렌드성을 넘어 보다 진화한 디지털 소비자를 다음 장에서 만나 보겠습니다.

　이쯤에서 작은 제안 하나 드려 볼까요? 가루쌀도 있고 K-푸드도 있고, 무기가 막강하니 아이디어가 절로 납니다. 앞서 서구가 대체식품개발의 시행착오를 겪으며 하이브리드 제품을 내놓았었죠. 그런데 실은 우리의 식단에는 하이브리드성 식품이 꽤나 있습니다. 제가 가장 주창하고 싶은, 그래서 서구에도 제안 드리고 싶은 식품이 바로 '떡갈비'입니다. 고기와 채소를 섞어 만든, 고기 맛속에 채소를 숨긴 절묘한 하이브리드 식품입니다. 채소를 싫어하는 아이를 위해 한국 어머니들이 많이 활용했던 식품이기도 하죠. 서구의 식물기반 대체 단백질이 단백질 함량을 높이고자 굳이 콩에서 지방과 섬유질을 다 분리했다가, 뻑뻑해진 식감을 보충하기위해 나중에 다른 기름 종류를 첨가했습니다. 그런데 우리는 분리할 필요도 없고 첨가할 필요도 없이, 그저 천연 재료를 균형 있는 조합으로 섞으면 됩니다. 찰진 맛을 원하면 가루쌀을 첨가해도 좋겠습니다. 그렇게 하면 탄수화물–단백질–지방–비타민–섬유소가모두 함유된 건강한 식품이 탄생될 수 있겠네요.

　또 있습니다. '오뎅'입니다. 단백질 덩어리 어류가 주재료인 덕분에 근간에 오뎅 국수도 출시되곤 했었죠. 그간은 쫄깃한 식감을 위해 밀가루가 첨가되었습니다. 이제 가루쌀로 대체할 수 있죠. 또 다른 글루텐 프리 건강식품입니다.

　전통식으로 즐겨 먹는 '빈대떡', '전'도 있습니다. 원하는 대로 내용물을 조합할 수 있는 막강한 이점이 있는 요리법이죠. 잇저스트가 녹두로 대체계란을 만들 때, 우리의 녹두전을 생각하며 안타까운 마음이 들곤 했습니다.

물론 알레르기 유발 같은 풀어야 할 난제들이 있습니다만, 고맙게도 이 숙제뿐 아니라 하이브리드 식재료의 선택 및 이상적 배합 정도는 AI와 나누어 함께 풀어볼 여지가 있는 시절입니다. 수많은 건강하고 맛있는 아이디어들이 발현될 수 있겠죠? 이렇게, **K-단백질** 어떠한가요?

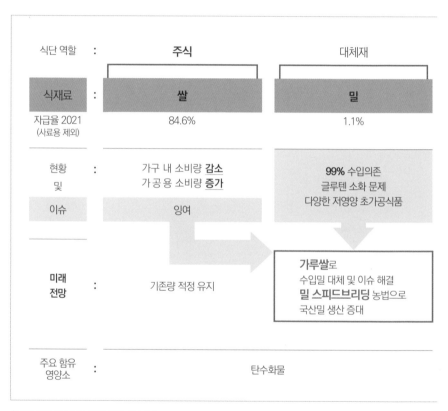

〈자료 31〉 한국형 미래식단 구상도
출처: 필자 작성

이번 장의 결론입니다. 가루쌀은 한국형 대체식품공급원으로서 우리 농업의 문제를 해결하고, 식량안보를 지킬 수 있습니다. 우리의 주식인 쌀을 혁신할 수 있다면, 고유의 미래식단으로 우리의 삶을 더욱 건강하게 만들 수 있습니다. 지금껏 논의해온 우리의 지속 가능할 미래식단을 다음 〈자료 31〉로 정리했습니다.

보완재	
육류, 수산물	**채소**
소 36.8% 돼지 76.7% 닭 83.5% 수산물 72%	91.1% (과실 75.3)
향상된 소비량 (하루 필요 단백질량 충족)	세계 1위 섭취량 (WHO 권장량 400g 충족)
현재 적정	**현재 적정**
기존량 적정 유지	기존량 적정 유지
과다 상승 시, 서구형 대체식품 필요	**(이점)** 밥/육류와 함께 먹는 습관
단백질, 지방	비타민, 무기질, 섬유소

2

문화는 지속 가능한 미래의 열쇠

1) 우리가 먹는 것이, 우리

당신이 무엇을 먹는지 말해 보세요

그러면 당신이 누구인지 알려 드리겠습니다

일본_우리도 밥심

일본 피자헛이 매우 바쁩니다. 긴장을 가득 안고서 메뉴 개편에 한창이죠. 경쟁사인 일본 도미노 피자보다 1년이나 늦었는데요, 도미노가 야심 차게 내놓은 새 메뉴, '피자덮밥(Pizza Rice Bowl)' 이 성공적으로 팔리고 있기 때문입니다. 이 피자덮밥 때문에 피자 헛이 위기감을 감지했습니다. 기존의 상식을 뛰어넘은 상품이었 기 때문이죠. 도미노는 서구 음식 피자와 일본 음식 간의 궁극의 협력을 구상했습니다. 메뉴 개발에만 1년의 공을 들였다고 하고

요. 일본의 밥그릇(돈부리 どんぶり)처럼 용기 안에 들어 있는 밥 위에 치즈와 피자 토핑을 얹었습니다. 일본식 간장구이(데리야키 てりやき)와 숯불고기(야키니쿠 やきにく)가 포함된 7가지의 종류를 출시했는데요, 이게 대박이 난 것입니다. 이에 피자헛은 '밥피자(Gohan Pizza My Box)'로 대항합니다. 피자의 정통 방식인 밀반죽 베이스를 쌀로 대체했죠. 일본에 주재하는 많은 외국인까지 포섭하는 전략이 색다른 포인트네요. 일본, 유럽, 그리고 미국 스타일, 이렇게 3가지 세트(My Box)로 메뉴를 구성했습니다. 유럽 입맛을 위한 이베리코 돼지고기, 밀라노식 소시지가 사용되었고, 미국스타일에는 바비큐 돼지고기가 보입니다. 피자헛은 30가지 이상의 후보 재료를 반복적으로 시도하고 테스트한 후 9종류의 밥피자를 결정했다고 하죠.

〈자료 32〉 피자덮밥(좌)과 밥피자(우) 광고
출처: 일본 도미노 피자와 피자헛 홈페이지

그런데, 일본 도미노와 피자헛의 새로운 메뉴에는 공통점이 있습니다. 일본 쌀을 베이스로 고집했다는 점입니다. 여기에는 실은 내막이 있습니다. 일본 식품업계에 따르면, 쌀을 재료로 만든 새로운 피자는 여러 가지 이유에서 개발되었는데요, 그중 하나가 일본이 쌀 소비가 줄어들었다는 점 때문입니다. 통계에 의하면 현재 일본은 60년 전보다 쌀을 50% 덜 소비하고 있습니다. 앞서 언급한 한국의 쌀 소비 감소와 같은 맥락입니다. 우리보다 일찍이 이러한 상황을 접한 일본의 밥솥업계도 고전을 면치 못했죠. 코끼리(조지루시) 브랜드나 호랑이(타이거) 브랜드의 판매가 위축된 것은 물론, 70년 동안 전기밥솥을 생산해온 파나소닉은 아예 자국 생산을 중단하고 사업을 해외로 이전했을 정도고요. 따라서 업계가 피자의 힘을 통해 산업을 지원하는 동시에 현지 식탁에 더 많은 쌀을 제공하는 것을 목표로 한 것입니다.

피자덮밥, 밥피자가 새롭게 탄생한 또 다른 이유는 밀 가격 상승과 해외 수입 불안정에서 기인합니다. 최근 일본 내 여러 패스트푸드 체인점이 해외로부터의 감자 공급 부족으로 인해 감자튀김 품귀 사태에 타격을 입었습니다. 갑작스러운 러-우크라이나 전쟁으로 밀 가격이 상승하자, 일부 밀 가공식품업체들이 대체품을 찾느라 애를 써야 했고요. 그런데, 일본의 쌀 자급은 거의 100%에 달합니다. 쌀을 안정적으로 확보할 수 있기 때문에 세계 정세의 불확실성으로 인한 가격 변동에 덜 민감할 수 있습니다. 피자업계 입장에서는 싸고 안정적 공급이 가능한 쌀을 피자에 접목함으로써 이러한 문제를 피할 수 있는 것입니다.

이렇게 업계까지 나서서 쌀을 소비하려 하는 건 왜 그럴까요? 쌀은 일본에서 가장 귀중한 작물이기 때문입니다. 다른 농작물과 달리 쌀이 유일한 자급자족 곡물이기에, 일본 문화에서 쌀재배가 독립의 상징으로 여겨집니다. 더 중요한 점은 이러한 문화에서 유래

한 쌀이 일본 식단의 주요 주식으로, 1인당 일일 칼로리 섭취량의 1/4을 차지한다는 것입니다. 그런데 일본도 한국과 마찬가지로 가구 내 쌀 소비가 감소하는 반면, 포장 가공쌀 식품소비가 늘어나고 있죠. 우리와 같은 관점에서 보면 일본도 '밥심'으로 삽니다. 이에 사람의 입맛이란 쉽게 바뀌지 않는다는, 그리고 그 입맛을 존중하는, 식품업계의 인식과 재빠른 수고가 가세한 것입니다.

한편 일본 역시 쌀 소비 감소의 한 부분을 수입 밀이 차지하고 있습니다. 일본은 밀 수입 최대국 중 하나입니다. 따라서 일본 농림수산성이 쌀 소비 확대의 중요성을 강조하고 있죠. 그들의 공식 홈페이지에 '역시 밥이죠!'라는 별도의 페이지를 만들어 쌀 소비를 촉진하고 있고요. 이에 더해 2017년부터 정부 산하기관으로 쌀가루협회를 설립해 더 많은 쌀의 활용과 수입 밀의 대체재로서 '쌀가루' 전파에 일념입니다. 협회 홈페이지에는 쌀가루를 재료로 하는 주식, 반찬, 후식으로 나뉘어진 요리법과 요리강좌가 열띤 관심을 모으고 있고요. 결과적으로 협회 주도로 수많은 쌀가루 가공 제품이 시장에 출시되고, 이유식으로도 확대했습니다.

일본의 쌀가루(米粉, こめこ)란 쌀을 미세하게 부수어 가루로 만든 것을 말합니다. 쌀을 밥으로 먹는 방법 외에, 최신 기술을 사용해 미세한 가루로 만들어 빵과 쿠키, 케이크, 파스타, 튀김 가루 등에 폭넓게 사용하고자 하는 것입니다. 일본 쌀가루의 특징이 식품에 많이 활용할 만합니다. 우선, 쫄깃한 식감이 있습니다. 또한 기름의 흡수율이 낮아(쌀가루 21%, 밀가루 38%) 튀김을 쌀가루로 튀기면 바삭바삭한 느낌이 오래 지속되죠. 또 다른 큰 특징

은 글루텐이 전혀 함유되어 있지 않습니다. 앞서 한국의 식단에서 본 것처럼 밀의 글루텐 성분이 알레르기 증상을 일으키거나 서구에서는 자가면역 질환인 복강병의 원인이 되고 있죠. 일본에서 아직 복강병은 적습니다만, 밀 알레르기의 발생은 지속적으로 증가하고 있죠. 이제 이들도 쌀가루 식품은 안심하고 섭취할 수 있습니다.

이렇게 일본도 자국의 쌀 소비를 촉진하고 수입 밀의 의존도를 낮춰, 식량자급율 향상에 기여하고 자국 농업을 지키는 것으로 연결합니다. 논을 지키면 폭우 시에 논에 물을 축적해 홍수를 막는 것과 동시에, 다양한 생물의 서식지를 만들어주는 일석이조 효과가 있죠. 역설적이게도 쌀 소비 촉진의 가장 큰 수혜자는 국민 개개인입니다. 건강한 식품을 선택하고 섭취할 수 있다면, 개인의 편리 선호를 건강과 바꾸지 않아도 되기 때문입니다.

품종 자체를 개량한 한국의 가루쌀과는 다른 형태입니다만, 이렇게 밥심을 지키려는 일본 역시, 미래식품을 향한 접근이 한국과 크게 다르지 않습니다. 대체식품 시장의 동향도 매우 유사합니다. 서구처럼 육류의 대체식품을 통해서 자국 내 식단을 바꾸려 하지 않고, 서구 시장 수출을 목표로 하는 다른 방식의 대체식품을 개발합니다. 한 예로, 일본정부가 국가 경제 지원책으로 선택해 지원한 스타트업, 우마미 유나이티드(일본, 2021)가 대표적인데요, 이 업체는 대체계란을 개발했습니다. 전 세계적으로 범용성이 높은 계란을 대체식품으로 선택하는 이유입니다. 발효를 통해 업사이클링한 곤약 가루, 콩, 목이버섯과 같은 전통적인 일본 재료로 계란을 만들죠. 한국 스타트업 지구인컴퍼니(한국, 2017)도 일찍이 같은 전략을 구사했습니다. 세계인이 좋아하는 불고기와 육포를, 국내산 농산물 재고로 대체해 수출에 매진하고 있습니다.

대체식품의 메카인 서구, 즉 서유럽, 북미 시장의 동향은 앞 장에서 두루 살폈습니다. 그렇다면 이제 세계를 한 바퀴는 돌아봐야죠. 지금부터 아시아를 넘어, 동유럽을 거쳐 지중해 연안으로 건너 가보겠습니다.

불가리아_세상에 요구르트를 가져온 사람들

유산균 제품은 전 세계적으로 건강에 필수 불가결한 식품으로 인식되어 매일 대량으로 소비되고 있습니다. 최근 의학계와 바이오업계의 장내 미생물 연구가 활성화되어 장(腸)의 중요성이 재조명되면서, 발효기반 유산균 시장은 더 커지고 참여업체가 증가하면서 춘추전국시대를 맞이합니다. 전 세계 어디에서나 대량으로 그리고 산업적으로 생산되고 있죠. 김치, 두부, 된장 등 발효식품을 이미 많이 섭취하는 국내에서도 매한가지입니다. 2023년 국내 유산균 시장 규모는 1조 3,869억 원으로 전년 대비 9.2% 상승했습니다. 건강기능식품 중 1위를 차지했고요. 그 중심에는 '불가리스'라는 브랜드의 요구르트가 있습니다. 1991년에 출시된 이후 수많은 경쟁 타사 브랜드 제품이 나왔지만, 지속적인 판매 상위를 유지하면서 사랑을 받고 있습니다. 한국인 10명 중 2명이 불가리스 요구르트를 선택합니다. 왜 그럴까요?

바로 제품명 불가리스의 명성 때문입니다. 제품명은 분명히 '불가리스'로 쓰여 있지만, 소비자는 이를 '불가리아'로 읽습니다. 관련된 흥미로운 이야기는 뒤로하고요, 우리는 왜 '불가리아' 요구르트를 선택하는 걸까요? 바로 면역연구에 관한 공로를 인정받아 노벨상을 수상한 엘리 메치니코프$^{Élie Metchnikoff}$에서 그 연유를 시작합니다. 그런데 일찍이 요구르트의 성분을 세계 최초로 분석한 사람은 불가리아 과학자들입니다. 1905년 그들은 우유를 발효시켜 요구르트를 만드는 필수 박테리아를 확인했는데요, 이 미생물이 요구르트를 먹는 나라를 상징하는 락토바실러스 불가리쿠스(Lactobacillus bulgaricus)로 알려지게 됩니다. '불가리쿠스'는 불가리어로 '불가리아의' 또는 '불가리아와 관련된'이라는 뜻이고요. 후에 우크라이나 출신의 메치니코프 박사가 이 연구를 채택합니다. 그리고 불가리아인의 요구르트 섭취와 장수 사이의 연관성을 확립했죠. 실제로 불가리아의 로도페 산맥은 유럽에서 100세 이상 인구가 가장 많이 거주하는 지역 중 하나이고요. 메치니코프 박사에 의해 알려진, 요구르트가 수명을 연장한다는 생각은 유럽 국가에서 건강 열풍을 불러일으켰고, 이전에는 거의 알려지지 않았던 요구르트가 서유럽 식단에 대거 포함되기에 이릅니다.

이렇게 '요구르트는 불가리아'라는 공식이 자연스럽게 생성되면서 1930년대까지 불가리아의 요구르트가 유행했습니다. 하지만 곧이어 요구르트가 해외에서 대량으로 만들어지기 시작합니다. 다급해진 불가리아 정부는 국가를 상징하는 정통 불가리아 요구르트를 생산해야 했죠. 이를 위해 불가리아 미생물학자들이 전국을 돌아다니며 가정 내에서 직접 만든 요구르트 샘플을 수집한 후, 맛은 물론 건강 측면에서도 가장 유익한 균주를 선택하기 위한 실험을 수행합니다. 이로써 국가가 특허를 취득하고 홍보하며 수출할 수 있는, 새롭고 공식적인 불가리아 요구르트를 탄생시켰습니다. 이에 국가명인 불가리아에 지리적 표시(GI geographical indication)를 선포하고, 오늘날까지 불가리아 국영기업인 엘비 불가리쿰(LB Bulgaricum)이 이 특허를 관리하고 '불가리아'라는 상표 라이선스를 보유합니다. 그런데, 세계 성인 인구의 상당 부분은 우유 함량의 4~6%를 차지하는 유당을 소화할 수 없습니다. 이를 해결하는 것이 바로 불가리아 요구르트인데요, 그 안에는 유당 함량을 2배 이상 감소시키는 장점이 있기 때문이죠. 이러한 장점을 인정한 국내 어느 유업이 이 라이선스를 체결하고, 불가리아의 요구르트를 국내에서 판매합니다. 앞에서 뒤로 남겨 두겠다는 이야기가 여기에 숨어 있습니다. 불가리아와 정식으로 계약해서 세계에서 '불가리아'라는 이름을 요구르트 제품에 사용할 수 있는 겨우 몇 개의 기업 중 하나로 권리를 얻은 이 유업은, 그들의 라이선스 계약에도 불구하고 한국에서는 '불가리아'라는 이름을 제품명에 붙일 수가 없네요. 불가리아와는 아무 상관도 없던 앞선 기업이 이미 취득한 상표권, 불가리스라는 제품명이 이미 15여 년간 시장을 점유하고 있었기 때문인데요, 라이선스 업체는 유사이름 사용 불가로 소송에서도 졌죠. 돈을 들여 정공법을 택한 후발 업체가 억울한 점도 있겠지만, 마케팅 차원에서 보면 15년간 시장을 점유해온 불가리스는 탁월한 상표전략입니다.

국내에 재미있는 에피소드를 남겨준 불가리아 요구르트는 불가리아인들의 자랑입니다. 불가리아 정부는 선배 과학자들의 미생물 발견을 기리기 위해, 세계 유일의 요구르트 박물관도 구축해놓았죠. EU의 지원(CAP)도 획득했습니다. 이렇게 불가리아인들은 장수와 건강의 상징, 요구르트와 불가리아를 영원히 연결시키고자 합니다. 그리고 이를 세계와 공유하기를 열망하고요. 실제로 그들의 유제품 섭취량은 남다릅니다. WHO 평균 1인당 150~200g 대비 그들은 220~250g을 섭취합니다. 이러한 불가리아인들이 다른 서구처럼 식물성 유청을 기꺼이 사용할까요?

한국인의 밥심과 같은 상황입니다. 불가리아 사람들의 '요구르트심'입니다.

지중해식 식단_너도 나도 'MyPlate'

때로는 건강한 식단이라는 개념이 우리 발목을 잡기도 합니다. 좋은 지방과 나쁜 지방이 있다면 그 차이는 무엇일까요? 탄수화물은 많이 섭취하면 정말로 건강에 나쁜가요? 적당한 단백질량은 얼마나 섭취해야 할까요? 여러분은 건강한 식단의 모델로 최근에 지중해식 식단을 접했을 가능성이 높습니다. 급기야 US 뉴스(US News & World Report, 2024)가 지중해 식단을 지구상에서 가장 건강한 식습관으로 선정했죠. 글로벌 셀럽들은 이 식단으로 건강해졌다고 신나게 SNS를 통해 광고하고 있고요. 지중해식 식단이 어떠하길래 이리도 찬사를 받을까요? 실제로 국내 언론 매체들도 이 식단만이 건강식단의 정답인 것처럼 요란합니다. 그런데 지중해식 식단이 정확히 무엇인가요?

지중해식 식단은 대륙별로 몇 개의 나라를 샘플로, 그 나라 사람들의 식습관과 심혈관 질환 사이의 연관성을 연구하던 학자들에서 연유합니다. 이들이 사람들의 식습관과 혈중 콜레스테롤 수치, 관상동맥 질환 위험 사이의 연관성을 찾던 와중에 지중해 주변의 특정 국가에 사는 사람들이 다른 지역의 참가자들보다 심혈관 질환 및 모든 원인으로 인한 조기 사망률이 낮다는 사실을 발견했죠. 이에 따라 그리스, 이탈리아 및 지중해 국가 사람들의 식단을 수집했습니다. 그 결과 이들이 풍부한 식물성 식품(통곡물, 과일, 채소, 콩, 견과류, 씨앗, 허브, 향신료 등)-건강한 지방(엑스트라 버진 올리브 오일과 같은)-적당량의 저지방 단백질(생선, 해산물, 가금류 등)-유제품(계란, 요구르트와 같은)-와인(특히 식사와 함께 레드 와인)을 섭취하고, 붉은 고기와 설탕은 지양하는 식습관이 있음을 발견했죠. 요약하면, 이 식단은 식물성 식품과 건강한 지방 섭취를 강조합니다. 건강한 지방의 주요 공급원으로는 지역 특산물인 올리브 오일을 권장하고요. 시간이 지나면서 이러한 건강한 식생활 패턴이 지중해 식단으로 알려지고 전파된 것입니다. 이는 지중해 국가의 사람들에게는 음식문화의 핵심기둥이자 유산적 가치로 남았고요. 그런데 흥미롭게도 세계적으로 지중해 식단의 명성을 단기간에 높여준 곳은 미국 농무부(USDA)입니다. 자국 내 증가하는 비만율로 고심하던 미국 농무부가 이 식단의 영양 균형을 모델로 삼아 표준식단(MyPlate)을 만들어 공개한 것입니다(자료 33).

그렇다면 지중해 연안에 살지 않는 사람들은 건강하기 어렵다는 걸까요? 지중해 특산물인 올리브 오일도 없는데, 우리는 어떡하죠? 가만히 들여다보면, 예를 들어 전통적인 한국 식단과 일본 식단은 지중해식 식단과 많은 유사점을 공유합니다. 두 나라의 식단 모두 쌀, 콩, 채소 및 과일과 같은 식물성 식품을 기반으로 하죠. 그리고 한식과 일식 모두 그 자체로 건강에 좋습니다. 특징으로 보면, 일본 요리가 신선한 해산물을 포함하고, 한국 요리에는 유산균이 풍부한 발효 식품이 있고요. 여기서 유엔의 통계를 참고해볼 만하네요, 뜻밖에도 전 세계에서 기대수명 1위 국가는 일본, 2위가 한국입니다. 또한 중국을 포함해 아시아 요리를 섭취하는 사람들이 해당 음식에 지중해 식단을 추가로 응용하고자 하면, 백미 대신 현미 또는 흑미를 더 많이 추가하고, 고기 대신 해산물 또는 두부를 더 많이 섭취하는 유연성을 가질 수 있습니다. 한국, 일본 등 아시아 국가들은 이처럼 무작정 따라 할 필요도, 그럴 수도 없습니다. 과도한 붉은 육류 섭취가 많은 서구인들이 이 식단에 흥분하는 건 옳습니다. 대체식품을 찾듯, 이 흥분이 그들의 식단을 개선하고 건강까지 이어진다면 바람직하니까요.

그런데 이러한 건강한 식습관에 젖어 있는 지중해 연안 국가는 서구형 대체식품을 어떻게 바라보고 있을까요? 단적인 예가 있습니다. 일본, 한국에 이어 기대수명 3위 국가인 이탈리아는 세계 최초로, 동물 유래 세포를 기반으로 하는 배양육 생산을 금

〈자료 33〉 미국 농무부의 MyPlate
출처: USDA

지하는 새로운 법안을 통과시켰습니다(2023. 11. 17). 이 금지령은 배양육의 수입, 유통, 사용에도 적용됩니다. 건강한 식문화가 정착되어 있는 지역에서는 굳이 대체식품에 대한 욕망을 가질 필요성이 없음을 증명하는 사례입니다.

2) 음식이 우리를 하나로, 음식문화

**다른 어떤 나라의 사람들보다 평균적으로 더 오래 산다면
먹는 방식에 있어서 분명 오래 살 만한 행동을
지속적으로 하고 있는 것이 틀림없습니다**

건강한 선택을 쉬운 선택으로

'렛츠무브(Let's Move)!' 미국 오바마 대통령 시절(2009~2017)이었습니다. 미셸 오바마^{Michelle Obama} 영부인은 당시 미국 어린이 3명 중 1명이 비만인 점을 굉장히 심각한 사회적 문제로 인식했죠. 이에 2010년부터 학교급식을 중심으로 벌인 소아비만 방지 캠페인을 시행했는데요, 이것이 이른바 렛츠무브입니다. 아이에게 건강한 미래를 향한 길을 안내하는 것이 캠페인의 골자였고요. 부모에게 유용한 정보를 제시해 가족 모두가 건강하고 저렴한 식품에 접근할 수 있도록 보장했고, 학교급식에는 더 건강한 음식을 제공했죠. 그리고 아이들이 신체적으로 더 활동적이 되도록 구체적인 실천 방안도 구비했습니다. 가수 비욘세^{Beyonce}가 이 캠페인에 발맞춰 '움직여봐(Move your body)'라는 곡을 출시하면서 이 운동은 더욱 유명해졌습니다. 전국의 도시로 이 운동이 확대되었는데요, 미국에서 가장 비만한 도시, 인구의 40% 이상이 비만인 텍사스 맥알렌에도 불이 붙여졌죠. 캠페인 4년 만에 맥알렌의 비만율이 7%나 감소해서 33%로 하락했습니다. 그런데, 그 이후 시간이 한참 흘렀죠. 여러 번 정권이 바뀐 지금은 어떠할까요? 어린이들이, 도시주민들이, 비만하지 않고 건강을 유지하고 있을까요?

미셸 여사가 염려한 대로입니다. 캠페인은 중단되었고, 맥알렌 시민들은 비만으로 원상복귀 했습니다. 미셸 여사는 이렇게 이야기하곤 했죠.

"문제는, 무슨 일이든 그 일이 습관이 되었을 때 시작됩니다. 그리고 저는 비만이 우리 문화 때문에 생겨난 일이라고 생각합니다. 예컨대 패스트푸드가 미국인의 일상적인 식사 관습이 되어버렸죠. 저는 미국의 음식문화가 패스트푸드에 내재되어 있다고 생각합니다. 그래서 우리가 가진 진짜 질문은 패스트푸드 세계에서 슬로우푸드의 가치를 어떻게 가르칠 것인가입니다. 물론, 그것은 매우 어려운 일입니다. 특히 아이들이 패스트푸드와 그에 포함된 가치관을 먹고 자란 경우에는 더욱 그렇습니다."

미셸 여사가 많은 사회 문제 중에서 어린아이들을 주목한 이유가 이것이죠. 습관을 오래도록 유지하려는 것! 어릴 때부터 개인적으로 좋은 습관을 만들고 성장해서 공동체의 관습으로 발전시키고, 더 나아가 개선되어가는 문화로 이끌고 싶었던 것입니다. 그녀는 미국 성인 비만율이 40%인 반면, 많은 아시아 국가들이 한 자리 숫자, 그것보다도 작은 숫자(일본 4%, 한국 6.2%)에 머무는 양상을 알았습니다. 다른 어떤 나라의 사람들보다 평균적으로 덜 비만해서 더 오래 산다면, 먹는 방식에 있어서 분명 비만하지 않고 오래 살 만한 행동을 지속적으로 하고 있는 것이 틀림없습니다. 앞선 미국 농무부의 MyPlate가 미셸 여사와의 공동 작품이었습니다. '패스트'를 '슬로우'로 바꾸고 싶은, 그래서 건강한 선택을 쉬운 선택으로 만들고자 했던 그녀의 열망으로 이해합니다.

하지만 습관은 언제부터인가 이렇게 시작되어버렸습니다. 미국이 몇 분 안에 햄버거를 패스트하게 만들 때, 우리는 독 안의 간장을 몇 년 동안 슬로우하게 기다려 왔습니다. 미국인이 햄버거 위로 케첩 페트병을 으레 한 손으로 잡고 눌러 케첩을 짜 오는 동안, 우리는 간장을 종지에 담아 방울 방울 떠 음식에 섞어 내는 걸 배워 왔고요. 이제, 세계인들이 중국 음식은 '불의 맛', 일본은 '칼의 맛', 그리고 한국은 '발효의 맛'이라 정의 내려 부르는, 그런 시간으로 넘고 넘어 와 있습니다. 우리가 패스트로, 그들이 슬로우로, 그렇게 다시 습관의 시작점으로 돌아가는 것은 참으로 불편하고 어렵습니다. 습관이 운명도 바꿀 수 있다는 말은 여기서 나온 모양입니다. 이렇게 음식과 그것을 먹는 방식은 우리 각각의 '문화'와 동의어가 되었습니다.

음식은 훌륭한 통합자, 음식문화는 지속 가능한 미래의 열쇠

　앞서 대륙을 넘나들며 한국을 포함해 각 나라들의 음식을 둘러보았습니다. 음식은 기본적으로 생계를 유지하기 위해 먹지만, 무엇을 어떻게 먹느냐는 국가 또는 지역 특징의 일부로 남아 있습니다. 음식의 선택과 지역 특산품은 사회의 성격, 지리적 환경, 지역의 역사에서 비롯되었고요. 결국 음식은 그것을 먹는 사람들이 누구인지, 어디서 왔는지에 대한 이야기를 말해줍니다.

　이러한 음식이 만든 독특한 방식은 습관을 분류하는 것으로 시작합니다. 예컨대, 인도사람들은 로티(Roti) 같은 특정 음식을 손으로 먹습니다. 반드시 신성한 오른손만 사용하죠. 일본인은 음식을 남기지 않습니다. 어릴 때부터 낭비를 절대적으로 배척합니다. 중국에서는 아무리 맛있어도 접시를 다 비우는 것은 무례하죠. 초

대한 사람이 충분한 음식을 제공하지 않았다는 암시를 상징하기 때문입니다. 그리고 음식은 지역을 묶어 통합하기도 합니다. '아시아는 콩', '미국은 옥수수', '지중해는 올리브' 같은 경우입니다. 지역은 조금 더 세분할 수도 있습니다. 예를 들어, 이탈리아 북부 지역의 음식에는 현지 농장의 우유로 만든 버터가 풍부한 반면, 올리브가 재배되는 남부 지역에서는 버터를 거의 사용하지 않죠. 대신 올리브 오일을 사용합니다. 또한 인류의 이동의 역사를 통해서 음식이 융합하기도 하죠. 1899년 페루와 일본의 협정으로 수천 명의 일본 이민자들이 페루에 정착했습니다. 이후 페루에 정착한 일본인들이 일본 요리를 페루의 식재료에 적용해 새로운 요리들을 탄생시킵니다. 니케이(Nikkei), 즉 일본 이민자를 칭하던 단어가 일본-페루 퓨전요리의 대명사가 되었죠. 영국음식을 대표하는 피시앤칩스(Fish&Chips)는 포르투갈 유대인들이 피난처로 영국에 올 때 가져온 흰살 생선 요리가 상징음식으로 정착되었고요.

이렇게 음식은 습관을 묶어서 우리의 정체성을 만들고, 지역을 통합하며, 융합을 요리해서 음식문화를 정착합니다. 그리고 각각의 요리법은 여러 세대에 걸쳐 전해지며, 음식의 맛, 냄새, 경험이 우리를 조상의 유산과 연결시켜 줍니다. 이처럼 요리법이 내재된 음식이 세대를 거쳐 전해지는 삶의 방식 그 자체가 되는 것이죠. 음식은 이렇게 지속적으로 미래를 열어갑니다. 시간이 흘러가면서 다시 음식이 우리 문화를 대표하고요. 현재 인류의 강력한 위협으로 회자되는 당뇨병의 발병 시작도 작은 습관입니다. 유병율과 사망률이 가장 높은 중동 지역이 말해주듯이 육식 위주의 식습관이 발병 이유의 시작이죠. 실제 전 세계의 당뇨 유발 요인의 첫 번째가 잘못된 식단입니다. 미안한 사례에 기대어 우리의 향방을 논합니다만, 우리가 미래에 병원으로 갈지, 푸른 초원 위를 즐길지는 우리의 몫입니다. 그리고 그 책임의 상당 부분이 음식에 달려 있음을, 우리는 모르지 않습니다. 음식의 섭생 습관이 우리의 문화를 이끌어갑니다.

그렇다면 음식문화를 이끄는 섭생 습관이 시장에선 어떤 이야기를 전해줄까요? 쉽게 접할 수 있는 사례가 많습니다. 예컨대 국내에서 파스타 전문 레스토랑에 가면 으레 파스타 메뉴에 피클이 곁들여 나오죠. 그런데 파스타의 본고장 이탈리아에서도 그럴까요? 아니요, 피클이 없습니다. 피클은 느끼한 맛에 익숙지 않은 우리 입맛을 위한 국내 레스토랑의 서비스인 것이죠. 국내 여행사의 해외 여행 준비물 리스트에 김치와 고추장이 있는 것도 같은 이유고요. 또한 국내에서 햄버거를 밥보다 좋아한다고 염려합니다만, 통계는 다른 이야기를 합니다. 햄버거가 주식인 미국에서 1인당 '하루'에 2.4개(USDA 2023)를 먹는 반면, 우리는 '한 달'에 3.2개(오픈서베이 2023)를 먹는다고요. 한국인이 햄버거를 좋아하게 되었지만, 지속적인 관점에선 결국 '밥과 김치' 식품을 선호합니다. 일본도, 이탈리아도 마찬가지였죠. 지구 한 바퀴를 돌아도 상황은 같습니다. 이렇게 각 음식문화는 지역 특유의 식품 선호도와 소비 행동을 형성합니다. 음식문화가 소비 선호도의 숨겨진 연료로서 시장 내 소비 수요의 원동력으로 자리하고 있는 것입니다. 그리고 다시, 새로운 소비 선호도는 우리가 원하고 바라는 새로운 음식문화를 구축합니다. 환언하면 음식문화가 개인을 넘어 집단적 선호도를 바꿀 수 있는, 지속적인 변화를 열어갈 열쇠를 쥐고 있는 것입니다.

3장 미래식품과 소비

1. 미래식품의 미션
2. 우리 모두를 위한 미래식품

첨단 기술이 제공하는 미래식품은 생각보다 다양한 모습으로 다가옵니다.
AI와 연결된 식품생태계는 지금보다 훨씬 복잡해질 것입니다.
미래식품의 '개발'과 '시장'이라는 관점에서
'인간 중심'과 '윤리기반'이 중심이 되어야 하는 이유입니다.
환경–건강–윤리라는 안전한 전 지구적 가치 합의하에
스마트 소비와 식량위기를 넘어선 안정적 공급 시스템이 시장을 완성하고,
음식문화가 교류될 때 지속 가능성을 담보합니다.

1

미래식품의 미션

띠리링~ 새 알림입니다~
은희 님, 오늘 당신이 좋아할 만한 담백한 음료수가 출시되었어요
앱에서 예약하고 매장에서 바로 픽업하세요
친구에게 권해 보세요,
그리고 친구도 은희 님도 10% 할인 혜택을 누리세요

매년 15,000개 정도의 새로운 식품이 출시된다고 합니다. 그런데 이 가운데 매장의 선반에 계속 오르는 상품은 20% 정도밖에 안됩니다. 실패율이 80%에 이른다는 통계(KSRE 2023)가 가르쳐주는 현실이죠. 반짝 떴다가 바로 사라지는 제품까지 고려하면 90%에 이르고요. 식품업계가 실로 경영하기에 어려운 업계임을 알 수 있습니다. 그런데 왜 이런 현상이 발생할까요? 새로운 식품개발에 소요되는 평균 시간은 약 2년이라고 하죠. 최소 2여 년의 시간과 상응하는 개발 비용을 날리게 되는 것인데, 무엇 때문에 실패하는 걸까요? 맛이 없어서요? 기술이 부족해서요? 가격설정이 잘못되어서요? 경쟁 제품에 밀려서요? 판매채널이 적어서요? 개발 및 마케팅에 필요한 자금이 충족되지 못해서요? 식품규제를 따르지 않아서요? 원인을 수없이 나열했는데도 식품개발 전략의 실패에 대한 원인 추궁에 빠진 질문이 있네요. 바로 '제품 대상 고객이 누구였나요?'라는 질문이죠. 제품이 대상 고객인 소비자의 원츠(wants)와 부합했는지를 살펴야 합니다. 소비자가 왕이기 때문이죠. 제품 성공의 열쇠는 소비자를 중심으로 하는 이 질문에 있습니다.

실제로 모든 업계에서 소비자 통찰력을 생성하는 데 성공한 기업만이 경쟁우위를 가지고 있습니다. 이러한 기업은 소비자의 가치 창출을 위해 활용할 수 있는, 기본적인 소비자의 요구를 잘 발견하는 기업입니다. 소비자가 쇼핑을 하고 구매 결정을 내리는 방식, 즉 소비자가 진정으로 원하는 것이 무엇인지 이해하는 능력을 갖춘 것이죠. 이런 능력이 어떻게 가능할까요? 점점 까다로워져서 변덕스럽기까지 한 소비자의 입맛을 어떻게 구매에까지 이르게 하는 걸까요? 그리고 한발 더 나아가서 충성 고객으로까지 묶어 둘 수 있을까요?

여기서도 기술의 진화가 큰 몫을 합니다. 1990년대 초반, 인터넷이 일반 대중에게 무료로 제공되었습니다. 이어 휴대폰에 이은 스마트폰이 전 세계적으로 보편화되었죠. 단순한 무선 전화 기능을 넘어 인터넷이 탑재된 스마트폰이 소비자의 손마다 쥐여지게 된 것입니다. 이는 소비자 개개인에게 개별적으로 접근 가능한 미디어의 출현을 의미했고, 기업에게는 획기적인 전략 전환의 계기가 됩니다. 1990년대 후반에 원투원(One-to-One) 마케팅이 도입되면서, '시장'의 점유를 확장하는 데 힘을 쏟던 기업들은 '고객'을 점유하기 위한 전략을 모색했습니다. 고객을 최우선으로 생각하고, 고객과 가장 깊고 신뢰하는 관계를 구축하고자 했던 것입니다. 인터넷 기반의 온라인 몰(아마존 1994, 쿠팡 2010 창립)의 등장은 고객과 제품 간의 직접적인 소통을 몇 배로 확장했죠. 이 온라인 몰이 모바일 앱에 탑재되면서 On time(적시 공급)기능이 증폭되고, 소비자 효율 배가의 효과를 가져왔고요. 이에 더해 작금의 디지털 기술에 의한 알고리즘 생성은 기업이 고객과 소통하는 방식을 재정의하고, 전례 없는 수준의 개인화를 제공합니다. 넷플릭스의 경우, 개별 맞춤 동영상 추천은 물론 시청 중 되감기나 정지 등도 데이터화하고, 시청자 개개인의 취향에 따라 엔딩을 다르게 내보내기까지 합니다.

기업들의 개인화 타깃 전략은 대다수의 소비자에게 유효했고, 일부 소비자는 이에 더 구체적인 개별 선호 요구로 반응했습니다. 맥킨지 조사(2023)에 의하면, 소비자의 71%가 개인화된 상호작용을 기대합니다. 반면 76%는 기대하는 수준의 개인화를 얻지 못할 때 좌절감을 느낀다고 하고요. 스마트폰의 발달과 시간의 경과 속에서 이 수치는 계속 높아져 왔습니다. 이에 맞춰 기업은 또 대응합니다. 예를 들어, 앞서 디지털 전환 기업의 성공사례로 언급했던 스타벅스의 경우, 온라인과 오프라인 매장에서 고객개별의 이름뿐만 아니라 각 고객이 원하는 커피의 온도와 계피 가루 첨가 여부까지 정확하게 알고 있는 수준으로 고객을 맞이합니다. 이제 시장에서는 이를 더 이상 개인화라 부르지 않습니다. 2020년대에 이르러 디지털 소비자를 지칭하는 초개인화(Hyper-Personalization, 超個人化)라는 개념이 등장했죠. 이 용어는 초기엔 MZ세대를 상징하기도 했지만 지금은 전 세대, 작금의 소비자 전체를 아우릅니다. 그래서 초개인화 상품은 단순히 그룹별 고객을 위해 제품을 최적화하는 정도가 아닙니다. 우리가 생각하는 것보다 더 앞서 있죠. 예를 들어 특정 고객별로 원하는 것에 초점을 두고, 더 나아가 고객이 아직 인식하지 못한 원츠, 예측하지 못한 경험을 제공하는 것까지 포함합니다. 상황에 따라 그 경험 또한 매번 바뀔 수 있다는 전제도 가정하고요. 회원 고객인 은희 님의 경험을 분석해서, 은희 님이 전혀 예상하지 못해서 더 반가운, 새 제품 알림 서비스를 제공하는 것이 하나의 예입니다. 이렇듯 소비자는 초개인화 서비스를 통해, 한 개인으로서 소중하게 여겨지는 느낌을 받고, 관련 정보를 통해 시간을 절약할 수 있으며, 자신에게 흥미로운 새로운 것을 발견할 수 있는 즐거움을 얻습니다.

업계에서는, 기업 리더의 80%가 초개인화 서비스로 인해 고객 지출이 평균 38% 증가했다고 보고합니다. 고객에게 준 즐거움이 기업에게 충성 고객으로 돌아온 것입니다. 따라서 많은 기업이 디지털 혁신을 시도하고 싶어 하죠. 실제로 기업들은 비용을 절감하고 효율성을 높이기 위해 수년간 이 기술을 시도해왔고요. 하지만 대다수 기업이 시도한 디지털 도입 프로젝트의 87.5%가 실패했습니다(IMD b-school, 2023). 충분한 준비 없이 서둘렀기 때문이죠. 조사 결과, 명확한 사업목표의 부재(37%)가 프로젝트 실패의 가장 일반적인 원인이었습니다. 그다음으로는 부적절한 이해 관계자의 참여(25%), 비효율적인 위험관리(23%), 그리고 열악한 소통(21%)이 뒤따르고요.

　이처럼 수요-공급 법칙에 의해 움직이던 단순한 시장에 인터넷 도입을 계기로 혁신기술이 던져졌습니다. 기술이 증폭되면서 이 상황이 초개인화를 불러 이에 대응하는 상품을 두고 시장이 흥분 스러운 듯, 복잡합니다. 그래서 복잡한 것을 단순화시켜 볼 필요 가 있습니다. 결국 미래식품 또한 초개인화 소비자가 정의할 것이 고, 전술한 바 디지털 혁신은 미래식품 구상에서도 중추적 역할을 할 것이기 때문이죠. 여기서 미래식품에 대한 5W1H 접근을 다 시 소환합니다. 디지털 기술혁신의 성공모델 스타벅스 모바일 앱 (App Application)의 사례에 비춰, 초개인화 상품 구성의 기본 방 향을 제시하는 큰 그림을 그려보겠습니다. 우리가 이 챕터에서 주 목하는 초개인화 소비를, 시장에서 대응하는 관점으로 바라보고 자 하는 데 큰 주안점이 있습니다.

　〈고객 충성도 제고〉, 〈사업 탄력성 강화〉 그리고 〈기업 평판 증 폭〉에 기반을 둔 스타벅스의 디지털 혁신의 성공은 AI시대에 기 업의 위상을 이상적으로 자리매김하고, AI 때문에 방황하는 기업 에게는 귀중한 교훈을 제공한 것으로 시장에서 높이 평가되고 있 습니다. 기술이 어떻게 수익성장을 주도하고, 경쟁우위를 뒷받침 하고, 전략 실행을 주도하며, 기능적 우수성을 실현하는지에 대 한 명확한 이해와 약속을 공개적으로 보여주었기 때문입니다. 참 고로 여기에서 인용하는 스타벅스는 미국 본사를 기준으로 합니다. 국내에도 스타벅스 매장이 전국에 걸쳐 1,894개가 있습니다 (2024. 5). 세계에서 네 번째로 많은 매장 수이고, 매출도 최고 수준이죠. 미국 본사가 2011년 스타벅스 앱을 출시한 이래 국내에서는 2014년부터 앱이 구동되고 있는 만큼, 여기서 참고하기에 불편하지 않은 사례입니다. 다만 문화적 특성상, 앱의 서비스가 국가별로 상이합니다.

What_따뜻한 초개인화 상품

• 오랜만에 오셨네요, 오늘도 당신이 좋아하는 아이스 아메리카노로 준비할까요? 시럽 추가하고요.

초개인화의 정의부터 내려볼까요? 글로벌 시장에 수많은 이야기들이 오고 갑니다만, 우리는 여기서 초(超)-간단하게 'Just-for-Me'로 하면 어떨까요? 코카콜라가 다이어트 콜라를 출시한 것이 개인화라면, 내가 원하는 대로, 당의 종류, 당의 농도, 물의 양도 조정해줘야 하는 것이 초개인화입니다. 개인의 요구와 특성에 맞춘, 아주 개별적이고 특수한 것 그 자체죠. 초개인화 소비자는 이러한 자신만을 위한 레시피를 사려 깊은 식품으로 제공받으면서 자신의 선호도가 중요하다는 따뜻한 느낌을 받을 수 있으며, 이로써 그 식품의 브랜드를 사랑하는 감정으로까지 이어집니다. 고객 은희 님과 스마트폰으로 소통한 새로운 음료수가 구매로 이어지는 다정한 감정 교류 같은 것이죠. 스타벅스 모바일 앱이 이를 매개합니다. 일상적으로 늘 마시는 '나만의 까다로운 커피'는 앱에 기억되어 있고요. 이렇게 앱은 초개인화에 탁월합니다. 앱이 보내온 독특한 제안 등 40만 개 이상의 테마별 초개인화된 메시지를 받아봄으로써, 커피 애호가들은 항상 브랜드와의 소통이 맞춤형으로 만들어진 것처럼 느낍니다. 스타벅스 거래 중 30% 이상이 모바일 앱을 통해 이루어지고 있고, 이 앱의 회원들이 스타벅스 수익의 약 50%를 차지하는 통계에 주목해야 합니다.

인간에게 따뜻한 상품을 하나 더 보고 가겠습니다. 구글에 'AI빵'을 검색하면 약 2억 6,300만 개의 결과가 나옵니다. 식품업계의 발 빠른 AI수용 상황이 보입니다. 이 중에서 가장 설레이는 빵을 골라보았죠. 이름하여 '로맨스 빵(戀AIパン)'이라는 제품명이 암시하듯, AI를 통해 사랑에 빠진 느낌을 불러일으키는 맛을 구현했습니다. 일본의 150년 된 제빵회사의 작품인데요, AI가 기획부터 작업에 동참했고요. 요즘 일본 젊은이들이 예전보다 점점 남녀 간의 낭만적인 관계를 추구하고 싶지 않다고 말하지만, 마음속으로는 여전히 사랑에 대한 강한 욕구가 있다는 조사를 기반으로 이 빵의 개발을 시작했습니다. 가장 먼저, 남녀의 사랑을 주제로 하는 TV프로그램 영상 안에서 나누는 대화를 텍스트로 변환하고 분석해서, 남녀의 사랑의 장면을 5개 범주로 구분합니다. 그리고 AI가 사랑과 음식이 관련된, 183종류의 과일과 과자를 밝혀내고 약 35,000곡의 노래가사를 추출했죠. 이렇게 드러난 데이터를 바탕으로 AI가 사랑과 관련된 감정을 나타내는 식재료를 선택하고요. 이러한 과정을 거쳐 사랑의 5개 장면을 구분해 출시된 로맨스 빵(재료)은 다음과 같습니다. 〈운명적인 만남_달콤한 향기(사과)가 나는 솜사탕과 톡톡 튀는(청크런치) 느낌의 맛〉, 〈첫 데이트_친밀해지는 신선한(라임과 오렌지 껍질) 맛〉, 〈열렬한 사랑_수줍은 나(복숭아)와 태양 같은 너(용과)에게 축복(꿀)같은 진한 맛〉, 〈질투_질

투(보라색 고구마로 질투 상징)와 불안한 기분(트러플 오일향)의 맛〉, 〈실연의 눈물_추억(마른 사과)과 눈물(포도)의 맛〉. 사랑을 하는 이들의 감정을 각각의 프로세스에 맞춰 상품을 만들어서 스토리텔링화 한 것입니다. 이것이 대박이 났다고 하네요. 여러분의 기분에 꼭 맞는 빵을 골라 보시죠.

Who_인간 중심 푸드테크 기업

- 사업 성공이 생산성, 수익성장 등 인간 외적 요소로만 측정되는 것 외에, 보다 인간 중심적인 방식을 유지함으로써 사명과 가치의 더 중요한 요소에 어떻게 계속 집중할 수 있을까?
- 고객과 파트너 모두에게 더 나은 경험을 제공하기 위해 사내 경험의 어떤 부분을 개선할 수 있을까?
- 이들이 사업에도 좋을까?

초개인화에는 무엇이 필요한가요? 개인의 경험을 창출하려면 무엇이 필요하죠?와 같은 질문입니다. 그런데 이 질문에 답하려면 어디서부터 시작해야 할까요? 개별적 요구 사항이 각자 다른 종류의 경험을 이해한 뒤에 이를 기획하고 개발해서 제공해야 한다는 것인데요, 고객 속성의 이해 없이는 해결할 수가 없겠죠. 그런데 고객은 누구죠? 그들의 필요와 기대는 무엇인가요? 그들의 선호는 무엇이고요? 혹 고객과 함께 해결할 문제는 무엇인가요? 스타벅스는 이러한 고객과의 경험을 모바일 앱 구동으로 얻어냈습니다. 스타벅스가 커피회사가 아니라 기술회사라 불리우는 까닭입니다.

현재 지구상에는 48.8억 명이 넘는 모바일 사용자가 있습니다 (bankmycell 2024). 전 세계인구의 60%를 상회합니다. 15~64세 인구가 65.9%인 점도 견줄 만하고요. 모바일이 세상에 등장한 이래 지속적으로 사용자는 증가해왔죠. 모바일 사용이 우리의 라이프스타일을 전대미문의 빠른 속도와 극도의 편리성에 안착하게 했고요. 스타벅스는 이러한 변화에 완벽하게 대응했습니다. 2011년에 모바일 주문 앱, 사이렌 오더(Siren order)를 출시합니다. 업계 최초였죠. 그리고 이 주문 앱을 소비자의 필수 앱으로 만들기 위한 참신한 전략을 기획합니다.

이들은 소비자의 매장 내 경험을 단순히 디지털 모바일 관계로 확장하는 정도가 아닌, 그 이상의 목적을 품었습니다. 기술의 힘과 한계, 디지털 시대에 인간의 의미, 그리고 기업의 미래에 끼치는 영향까지, 그 사이의 균형을 조절하고자 했죠. 우리가 일반적으로 기술을 대하는 태도와 다르지 않습니다만, 이를 실제로 실행에 옮긴 것이 중요합니다. 스타벅스의 하루를 떠올려 볼까요? 전 세계적으로 32,000개의 매장과 400,000여 명의 파트너(직원 호칭)가 주당 1억 명의 고객에게 서비스를 제공하는 상황입니다. 이렇게 거대한 기업규모와 1억 명 고객의 복잡성이라는 과제 앞에서 스타벅스는 기술의 힘을 과감 없이 활용합니다. IBM, MS(Microsoft), Juniper Networks 같은 IT회사에서 30년 이상 근무한 경험으로, 새로이 임명된 CEO가 스타벅스를 디지털 기술이 풍부한 제2막으로의 진입을 완벽하게 준비시켰습니다.

한편 이처럼 업무에 있어서 혁신기술에 대해 들으면, 우리는 작업의 자동화를 연상하고 가장 먼저 사람의 일자리가 위험에 처했다고 걱정하기도 합니다. 그런데요, 생각을 조금 바꿔보면 어떨까요? 기술이 우리의 일을 대체하는 게 아니라, 기술의 도움으로 일상적인 작업과정을 더욱 쉽게 할 수 있지 않을까 하는 것으로요. 실제 스타벅스 AI와 로봇의 역할이 그러합니다. 공급망 물류나 재고 배송과 같은 공정과정의 무거운 작업을 대신 수행해 파트너의 시간과 힘이 절약됩니다. 또한 관리 파트너가 인력 수요를 예측하고 일정을 세우거나, 오븐이나 믹서기 등의 장비를 사전에 점검해 장비 유지 관리를 예측하는 데 도움을 주고요. 이렇게 자동화가 절약해준 작업과 파트너의 노동과 시간이, 스타벅스의 중요한 자산인 커피와 고객 서비스에 더 많은 여유를 할애하게 합니다. 예컨대 커피를 전달할 때 고객의 이름을 불러주며 잠깐 나누는 인사 같은 작은 순간조차도 고객과 파트너 모두의 기분에 긍정적인 영향을 미칠 수 있다고 이들은 확신하죠. 인간의 연결을 증폭하는 데 도움이 되는 기술을 개발하고 싶은 스타벅스의 목표가 실현되는 순간입니다.

또한 스타벅스 본사 1층에는 흥미로운 장소가 있습니다. 20,000 제곱피트(약 6,000평) 규모의 공간인데요, 이곳에는 실물 크기의 매장 모형, 골판지 드라이브스루(drive-thru), 3D 프린터, 장비 시제품, 이동식 벽, 포스트잇, 네온사인을 구비해 마치 실험실, 디자인 회사, 닷컴 스타트업의 혼합체처럼 보입니다. 이곳은 바로, 회계사부터 바리스타, 컴퓨터 엔지니어에 이르는 회사의 모든 파트너가 자유롭게 참여해, 현장에서 얻은 아이디어를 구현해보는 혁신 공간(트라이어 센터, Tryer Center)입니다. 여기서 재미로 만들어본 주스가 제품으로 출시되기도 하고, 또한 소통의 장으로서 활용되어 회사 내 문제를 해결하거나 개선점이 빠르게 회복되기도 하죠. 예를 들어 다음과 같은 내용이 트라이어 센터에서 이루어졌던 소통입니다. 캘리포니아 주 지역 관리자가 어느 순간에도 빠른 응대를 하기 위해 영업시간 외 모바일 주문 및 픽업창을 확인하고 싶어 했죠. 플로리다주의 한 파트너는 바리스타가 음료를 바로 추출할 수 있도록 고객 주문에 대한 실시간 미리 보기를 소망했고요. 캐나다 지역 파트너는 청소 및 걸레질과 같은 작업을 자동화하기, 그리고 조지아주와 위스콘신주 매장 관리자는 자동 시럽 분배 장치를 꿈꾸었습니다. 이러한 아이디어들이 모여 우리가 스타벅스 매장에서 누리는 편리함으로 둔갑한 것입니다. 이렇게 파트너의 현장 경험에 대한 투자는 특별한 고객 경험을 창출하고 더 나아가 사업의 성공을 주도합니다.

결과적으로 기술에 대한 의존도가 높음에도 불구하고, 스타벅스의 AI에 대한 관심과 노력이 기술 효율성에만 국한하지 않습니다. 일차적으로 기술과의 연결이 인간관계를 강화하는 것이죠. 소비자에겐 따뜻한 충성 고객으로 보답하게끔 만들고요. 스타벅스는 아날로그 인간 경험을 향상시키고자 세계적 수준의 기술을 활용하는 것입니다. 인간 중심의 디지털 전략입니다. 이런 점이 푸드테크 기업의 전략 모델이 되었습니다.

How_책임감 있고 사려 깊은 기술
- 인간관계를 강화하고 사람들이 공동체의 일부라고 느낄 수 있도록 하는 데 있어서, 어떻게 하면 기술이 책임감 있고 사려 깊

은 방식으로 사용될 수 있을까?

　인간 중심의 디지털 기술이란 어떻게 구현되는 것일까요? 깊은 사려를 요구받는 기술이 어떻게 가동되어야 할까요? 스타벅스는 누구보다도 신속했지만, 신중하게 움직였습니다. 앱 구축 이전에 이들은 고객이 스타벅스를 어떻게 이용하는지를 충분하게 이해하면서 출발했습니다. 고객이 매장으로 오는 출발지에서부터 음료를 가지고 매장을 떠나는 순간까지 각 포인트를 세분하고, 각 단계에서 일어나는 매장 내 준비과정 그리고, 각 단계에서 고객이 경험하는 감정상태 하나까지 포함하는 포괄적인 조사를 수행했습니다. 이러한 고객 여정 매핑 전략이 고객 경험의 문제점을 파악하고 이러한 문제의 해결책을 개발하는 것을 목표로, 전체적인 이해를 확고히 하기 위해 마케팅, 매장 운영, 제품 개발 등 다양한 부서가 참여하는 교차 기능적 접근 방식을 취했고요. 이러한 조사를 기반으로 스타벅스는 식별된 문제점을 해결하고 기회를 활용하는 데 필요한 전략적 계획과 개선 사항을 설명하는 고객 여정 로드맵을 개발했습니다(자료 34).

　이를 기반으로 스타벅스가 모바일 앱을 출시합니다. 디지털 플라이휠(Digital Flywheel)이라는 전략하에, 예약주문 및 결제기능을 우선적으로 도입했습니다. 결과적으로 매장에서는 대기시간을 줄이고 픽업 고객은 줄을 설 필요가 없게 되었죠. 그리고 로열티(보상) 프로그램으로 고객이 구매 시마다 별을 모아 다음 주문에 사용할 수 있게 했고요. 곧이어 이 앱은 고객이 메뉴, 매장 위치, 영업시간에 대한 정보를 얻을 수 있는 허브로 빠르게 성장했고, 앱에서의 고객 활동은 스타벅스에게 인기 있는 매장 위치, 하루 중 시간 대별 고객의 움직임에 대한 유용한 통찰력을 제공했습니다. 결국 이 초기 앱이 데이터 및 분석에 대한 진입점을 마련했습니다. 그럼 스타벅스에서 수집된 데이터가 어떻게 활용되었는지 보겠습니다.

우선, 고객 지출 및 선호도에 대한 막대한 양의 데이터를 수집 하고 분석함으로써 스타벅스는 고객의 고유한 소비 습관을 기반 으로 모든 고객의 고객 경험을 개인화했습니다. 주문 내역과 패 턴을 분석해, 앱은 음식과 음료 선택을 제안할 수 있을 뿐만 아니 라 고객이 일반적으로 커피숍을 방문하는 시간과 빈도에 따라 맞 춤형 추천을 제공할 수 있게 되었고요. 또 실시간 푸시 알림을 보 내 고객과 더 깊은 수준의 연결을 구축합니다. 소비자는 브랜드가 자신의 선호도를 고려하고, 자신의 경험을 맞춤화함으로써 만족 감을 느끼게 됩니다.

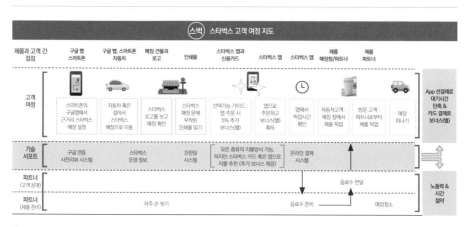

〈자료 34〉 고객 여정 로드맵
출처: behance_필자 수정 및 가필

한편 개인화 정보 외에도 수집한 데이터를 활용해 신제품을 만들기도 합니다. 예를 들어, 스타벅스는 차를 마시는 사람의 약 43%가 차에 설탕을 첨가하지 않고, 약 25%가 집에서 음료를 마실 때 아이스 커피에 우유를 첨가하지 않는다는 사실을 발견했죠. 이러한 통찰력을 바탕으로 무가당 망고 아이스티와 피치 블랙 티가 탄생했습니다. 호박 향신료 카페 라떼도 데이터 덕에 출시된 제품이고요.

구석구석에 등장하는 새로운 스타벅스 매장도 데이터를 신중하게 사용한 쾌거입니다. 소득 수준, 트래픽, 경쟁사 존재 등의 변수를 기반으로 수익을 예측하고, 차기 수익 기회가 어디에 있는지 결정하는 데 도움을 받죠. 동시에 이를 통해 잠식 위험을 최소화하고, 특정 고객 기반에 서비스를 제공하는 최적의 지역에 새 매장을 개점할 수 있습니다.

이러한 데이터 분석을 사용해 고객 생애가치(방문당/고객당 평균 구매 가격, 연간 고객당 방문 횟수 및 평균 고객 수명)를 최대화하는 동시에 브랜드 제품을 재창조함으로써 사업의 황금 티켓을 땄습니다. 비교할 수 없는 경쟁우위를 확보한 것이죠.

스타벅스는 여기서 멈추지 않았습니다. 이제 AI를 활용하고자 합니다. AI기반 플랫폼 딥부르(Deep Brew)를 도입했습니다. 2019년에 도입했으니 코로나 위기를 기회로 가장 먼저 드라이브 스루 매장의 성장에 초점을 맞출 수 있었고, 이에 더해 시간이 많이 소요되는 작업을 자동화했습니다. 딥부르 활용의 대표적인 사례가 마스트레나(Mastrena) 에스프레소 기계인데요, IoT 기술이 탑재된 이 커피 제조기가 각 커피의 샷마다 귀중한 데이터를 제공합니다. 이 정보가 유지 관리 및 품질관리에 사용되어 모든 커피가 스타벅스가 요구하는 높은 기준을 충족하는지 확인하죠. 또한 음성 검색 및 스마트 스피커 사용이 보편화되는 추세에 따라 스타벅스 앱을 아마존 알렉사와 통합해 '마이 스타벅스 바리스타' 챗봇 서비스를 만들었습니다. 이를 통해 고객은 음성 명령을 통해 주문하고, 수정하며, 픽업 위치 선택이 가능합니다.

　스타벅스의 AI 구현은 사업의 모든 측면을 향상시키기 위해 기술을 활용하는 브랜드의 선견지명을 입증했습니다. AI가 신중하게 사용될 때 고객 서비스 우수성의 핵심인 인간적 손길과 운영 효율성의 균형을 맞추는 강력한 도구가 될 수 있음을 보여준 것입니다.

When_On time 공급

- 어떻게 하면 이동 중인 고객에게도 짧지만 확실한 연결의 순간을 제공할 수 있을까?

　속도는 미래라는 주제에 늘 앞장서는 화두입니다. 일상생활의 서두르는 속도와 끊임없는 세상사의 격변에 대한 우려는 디지털 시대를 사는 지금에 전혀 새로운 것이 아니지만, 여기서 유발되는 불안은 우리의 숙제입니다. 우리 삶에 밀접하게 흔적을 남기는 SW 플랫폼, 기기, 각종 앱 및 기타 미디어 형식이 어지러울 정도로 빠르게 등장했다가 쓸모없게 되기도 합니다. 바로 기술영역에서 가장 두드러지죠. 앞서 하이프 사이클에서도 배웠습니다. 과

대해질 수 있지만 그 안에서 방향 전환의 포인트를 찾을 수 있는 우리입니다. 기술로 포화된 세상에서 우리 모두는 가속화된 변화 속도와 함께 사는 법을 배워야 하죠. 혹은 기술이 우리를 뒤처지게 만들 위험이 있음에도 불구하고, 기술을 이해하고 활용하는 법을 배워야 하고요.

미래식품의 5W1H 구상의 When에서도 속도를 논했듯이, 스타벅스도 이와 뜻을 같이 합니다. 커피를 마시기 위해 줄을 서서 기다리는 것이 공평하지 않다고 생각합니다. 하루가 끝날 때든 시작될 때든, 하루 중 언제라도 기다림은 꽤 고통스럽죠. 그래서 스타벅스는 주문 앱을 통해 대기시간을 해소했고, 고객은 앱을 통해 주문하고 편리한 시간에 픽업할 수 있습니다. 이런 작은 것들이 큰 차이를 만들 수 있습니다. 고객은 자신의 우려 사항에 관심을 갖고, 그에 따라 조치를 취하는 브랜드를 선호하죠. 여기서도 스타벅스는 좋은 점수를 얻었습니다.

기술은 편리한 픽업 시간뿐 아니라 편리한 위치 찾기도 해결하고자 합니다. 비록 작은 문제라 할지라도 이것 역시 문제였으니까요. 그래서 앱이 제공하는 위치 서비스가 주문한 커피를 편히 수령할 수 있는 주변 매장을 추천합니다. 위치, 좌석/공석 여부, 그리고 운영 시간에 대한 정보도 공유하고요. 매장 방문을 못하면 어떡하냐고요? 드라이브스루 매장에 도착한 고객이 주정차 없이 커피를 받아 가네요. 앱에 차량번호를 등록하고, 출발 전 자동결제 서비스를 신청했기 때문입니다. 어느 방법의 구매이든 On time(원하는 시간) 서비스를 받을 수 있는 것입니다.

Why_스마트 소비

- 새로운 재료가 식품의 미래를 형성할 수 있습니다.
  우리는 이를 시도하고 비용을 지불할 의향이 있습니까?
- 우리는 시장과의 상호 연결 없이는 스스로 올바른 식품을 선택할 수 없습니다.

단도직입으로 식품기업의 수입원은 우리 소비자입니다. 상품이, 그리고 시장이 존재하는 이유죠. 우리가 Who가 아닌 Why에 있어야 하는 분명한 명분입니다. 그런데 우리가 변했습니다. 우리의 기대치가, 우리의 행동이, 까다롭게 변했습니다. 앞서 우리는 이렇게 변해버린 초개인화에 대응하는 시장을 보았습니다. 소비자가 왕! 맞습니다. 그런데 왕의 자격을 갖추었나요? 왕이 스스로 추앙받을 준비가 되었나요?

주지하다시피 소비자의 식품 선택은, 특히 새로운 식품이 주도하는 새로운 산업에서 중추적인 역할을 합니다. 이는 시장 수요를 촉진하고, 기업 수익을 창출하죠. 높은 채택율은 규모의 경제로 이어져 산업 성장을 촉진하고 투자를 유치하기도 하고요. 더욱이 네트워크 효과를 촉발하고 생태계 개발을 촉진해 업계 표준과 보완 제품을 확립하기도 합니다. 소비자가 노출되는 수많은 영향력과 지식의 원천이 완전히 새로운 요구와 기대를 만들어냈다는 점을 기억하는 것은 중요합니다. 불매운동도 같은 맥락이고요. 이렇게 소비자는 식품산업에서 상당한 변화를 주도하며, 기업을 혁신과 지속 가능성으로 밀어붙입니다.

더 나아가 대체식품, 미래식품을 논하는 오늘날의 소비자들이 환경 친화적이고 윤리적으로 책임 있는 방식으로 생산된 식품에 대한 인식과 함께 수요를 늘리고 있습니다. 예컨대 식물기반 대체 식품업체 잇저스트가 초기에 계란 없이 완두기반으로 대체 마요네즈를 만들었을 때입니다. 저스트 마요라는 이름으로 출시했는데요, FDA 규정상 마요네즈는 계란이 함유되어야만 사용 가능한 단어였죠. 이에 당시 마요네즈 시장의 거물 기업 유니레버가 소송을 걸었습니다. 그러다가 3주 만에 소송을 철회합니다. 왜냐고요? 10만 명이 넘는 소비자들이 유니레버를 상대로 서명운동을 벌입니다. 지속 가능한 식품회사를 괴롭히지 말라고요.

푸드테크 산업이 미래의 긍정적인 변화를 주도하고자 합니다. 식품회사는 자신들에게 대부분의 책임을 맡긴 이러한 소비자의 요청에 응답합니다. 예컨대 치폴레(Chipotle)와 같은 환경 친화적인 레스토랑 회사는 AI, 블록체인 등 혁신적인 기술을 채택해 식품 생산 효율성을 개선하고, 대체 재료를 탐색해 제품을 더 건강하고 지속 가능하게 만들며, 공급망을 재평가해 투명성을 높이고 환경에 미치는 영향을 줄이고자 합니다. 이러한 노력으로 소비자와의 신뢰를 구축하고 유지하기를 열망하고요. 이는 스타벅스가 하는 노력과 매한가지입니다.

그런데 이러한 시장의 초개인화 대응에도 불구하고 소비자가 실제로 식품 선택에 영향을 줄까요? 미래식품을 논하는 여기에서, 소비자에게 질문해보겠습니다. 지구의 기후를 고려한 식품을 선택하겠습니까? 즉, 우리가 먹고 있는 음식을 만드는 데 얼마나 많은 에너지와 물이 사용되었는지 정확히 알기 위해 수반되는 조사비용을 지불하겠습니까? 또한 맛보다 건강에 가치를 두고 식품을 선택하겠습니까? 즉, 라벨의 식품의 성분, 영양정보를 꼼꼼히 확인하겠습니까?

현실로 돌아와 보면, 우리 중 대부분은 토마토(1kg 생산당 621g 디젤 소요)가 닭고기(312g 디젤)보다 식탁에 오르는 데 훨씬 더 많은 에너지가 필요할 것이라고 결코 짐작하지 못합니다. 밀 1kg을 생산하는 데 드는 인간의 노동 시간이 10분에서 2초 미만으로 단축된 이유가 화석 연료 덕분이라는 것을 잊었을 수도 있고요. 화석 연료는 '적절'하게 사용되면 에너지 생산성을 높이고, 식품 시스템 전반에 걸쳐 분배를 증가시켜 농민의 수익성도 높일 수 있죠. 그 에너지가 완전히 없으면 전체 시스템이 무너지고요. 기후위기 앞에서 업계조차도 의견이 분분한 이유들입니다.

클린라벨도 살펴볼까요? 식물성 대체육을 시장에서 내몰아버린 첫 번째 이유였죠. 이 상황을 소비자는 감지했었나요? 정확히 알고 갈 필요가 있습니다. "라벨의 성분을 발음할 수 없으면, 그 식품을 먹지 마세요" 같은 오해의 소지가 있는 두려운 문구로 무조건 그 식품을 배제한 건 아닌지요. 대신, 우리는 성분명을 발음할 수 없다면 찾아봐야 합니다. 클릭 한 번이면 모든 정보를 만나는 디지털 세상입니다. 발음할 수 없는 첨가물이나 화학물질을 접하게 되면, 그것에 대해 자세히 알아보고 그것을 피해야 할지, 아니면 그것이 괜찮고 식단에 도움이 된다고 생각하는지 스스로 결정해야 하는 것입니다. 우리의 이해를 확인하기 위해 클린라벨의 글로벌 정의를 보고 가죠. '기본적으로 클린라벨은 가능한 한 적은 양의 성분을 사용해 제품을 만들고, 그 성분이 소비자가 인식하고 건강에 좋다고 생각하는 품목, 즉 소비자가 집에서 사용할 수 있는 성분인지 확인하는 것을 의미합니다.'

앞 장에서 언급한 것처럼 대부분의 소비자가 식품과 관련 기술에 대한 지식과 익숙함이 부족합니다. 때문에 단순한 경험적 방법에 의존해 식품을 평가하고 선택하는 경우가 지배적입니다. 맛과 가격이 선택의 일 번 가치로 자리 잡은 이유이기도 하죠. 더구나 식용곤충을 거부하는 사례처럼 식품기술에 대한 공포증, 혐오감, 문화적 가치와 같은 인간 관련 요인은 식품에 대한 인식에 더욱 영향을 미치고요.

이 모두가, 그럼에도 불구하고 우리의 '스마트' 소비에 달려 있습니다. 짧지만 무게로 따지면 꽤나 과중한 단어, 스마트로 왕의 자리를 지키고자 합니다. 왕은 생명력의 원천을 논하는 자리입니다. 먹거리 산업의 거대화 이면의 편리함에 숨어 생존의 위협을 받을 수 없습니다. 왕인 우리 스스로를 교육하고 신뢰해야 합니다. 뉴욕대학교의 영양학, 식품 연구 및 공중 보건 분야의 교수인 매리언 네슬레Marion Nestle가 우리에게 선사한 다음의 말로 우리의 이해를 돕고자 합니다.

"식품검사만 말하자면, 미국은 현재 해산물의 80%, 과일과 견과류의 32%, 야채의 13%, 육류의 10%를 수입하고 있습니다. 2007년에는 이러한 식품이 약 100개국에서 하루에 25,000개 배송되었습니다. FDA는 이러한 선적의 약 1%를 검사할 수 있었는데, 이는 1992년의 8%에서 감소한 것입니다. 이와 대조적으로 USDA는 자신의 권한에 따라 식품의 16%를 검사할 수 있습니다. 한 평가에 따르면 FDA의 인력이 니무 부족해서, 미국으로 식품을 수출하는 모든 외국 공장을 검사하는 데 1900년이 걸릴 것입니다."

여기서 우리의 기대치를 높여 보죠. 이제 우리 곁에는 첨단 디지털 기술이 있습니다. 인류문명의 시작부터 2003년까지 생성된 데이터 양만큼이 2일마다 새롭게 생성된다고 하죠. 2010년도 구글의 발표이니 오늘날의 데이터 양은 가늠도 안 되네요. 이러한 빅데이터 덕분에 기계학습(ML)을 지나 인공 신경망 기법을 구사하는 딥러닝(DL), 그리고 변혁 알고리즘(Transformal Algorithm)에서 생성형 AI까지, 데이터 분석을 통한 기술의 발전 양상을 우리는 알고 있습니다. 아침을 깨우는 커피를 통해서도 이미 우리는 친밀하게 기술의 맛을 느끼고 있고요. 그런데 우리를 힘들게 하는 라벨링, 내용은 고사하고 발음도 어려운 성분을 우리 스스로 알아보라고만 요구하는 건 무리한 강요일 수 있습니다. 하물며 정부가 인력부족으로 식품검사를 모두 못한다는 것을 불평하고, 우리가 그 불편함을 감수할 시절의 이야기를 하면 안 된다는 것이죠. 제품 라벨에 QR코드가 부착되고 그 안에 관련 정보만 탑재되어도, 우리는 스스로 한층 건강한 식품 선택이 가능합니다. 국내의 경우 식약처(식품의약품 안전처) 산하 식품안전나라에서 관련 정보(식품 4,906건, 음식 4,200건, 가공식품 13,523건, 식품별 영양정보 13,713건)를 확인할 수 있는데요, 하지만, 이를 아는 소비자가 얼마나 될까요? 더구나 검색방법이 쉽지만은 않습니다. 조만간 이러한 부분에 스마트폰 하나로 확인 가능한 최첨단 기술의 서포트를 받길 기대합니다. 훌륭한 재원을 충분히 활용한다면, 더 스마트한 왕이 될 수 있을 것입니다.

Where_전 지구적 합의 정책

- 못하는 것보다는 잘하는 것을 하면, 더 잘할 수 있습니다.
- 작은 습관을 만들 수만 있다면, 세상을 구할 수 있습니다.

정책을 이야기하는 자리입니다. 인류의 터전인 지구 위에 국가의 정책을 올려 놓았습니다. 작금의 세상이 하나의 가치 위에 있음을 주지하기 때문입니다. 지구의 건강을 회복하려는 전 지구적 합의죠. 시작점은 여기 외에 없습니다. 정책은 우리가 미래식품과 함께 안심하고 서 있을 기저가 되어야 합니다. 비록 지구 이야기가 지루해졌습니다만, 지구와 식량의 먹이순환이 원동력이 되어 인류의 삶이 이어져 온 것입니다. 우리 삶의 원천입니다.

푸드테크 산업은 이러한 사실과 상황을 너무나 잘 알고 있습니다. 이들은 기술과의 혁신적 협업으로 초개인화에 맞서 변화하려고 애쓰고 있습니다. 이러한 업계의 투자는 초개인화 소비자 수요에 대한 대응일 뿐만 아니라 기후변화, 건강 문제, 식량안보와 같은 세계적 과제를 해결하는 데 있어서 푸드테크 회사의 역할에 대한 인정이기도 하고요. 이들은 사업 전략을 소비자의 기대에 맞춰 조정함으로써 장기적인 생존 가능성을 보장하고 보다 지속 가능하고 건강한 식품 시스템에 기여하고자 합니다.

이제 시장의 참여자 중에서 정책의 이야기만 남았습니다. 국가에게 묻습니다. 초개인화 상품이든, 미래식품이든, 정책이 이들의 미래 구상에 선(選)방향이 될 막중한 키입니다. 그 위치를 확고히 하길 요청하고자 하는 것입니다. 사례를 들어 논의를 쉽게 시작해보겠습니다.

미국은 자국민의 비만이 늘 사회적 이슈입니다. 비만을 해결하려는 수많은 움직임들을 흔하게 접합니다. 전술한 렛츠무브 운동이 그러했고, 지금은 비만 치료제 개발이 제약회사를 휩쓸고 있습니다. 식품기업들이 정부와 협력해 제품에서 설탕을 줄이거나 대체 설탕을 사용하는 규제를 검토하고 있고요. 일련의 노력 중, 정책의 영향력이 돋보이는 유익한 사례가 있었죠. 2006년 미국 식약처가 어린이 비만 방지를 목적으로 식품 라벨에 트렌스 지방 표기를 법제화했습니다. 실은 단순히 부모 소비자가 식품 라벨을 통해 식품 선택에 도움을 주고자 했는데요, 법제화 이후 모든 식품 제품에서 트렌스 지방이 80% 감소하는 효과를 이끌어냈습니다.

최근에 GMO 이슈가 유사한 반향을 도출하고 있습니다. 캘리포니아주와 워싱턴주에서 추진하는 GMO 표시법을 폐지하기 위해 수백만 달러를 지출해온 빅푸드 기업 제네랄밀스(General Mills)가 결국 백기를 들었습니다. 입법의 힘을 얻은 환경단체(Green America)의 10여 년간의 끈질긴 압박이 유효했죠. 이들은 65,000명의 자원자들과 힘을 합해 제네랄밀스에 전화하고, 이메일을 보내며, 그리고 이들의 페이스북에 댓글을 통해 아이들이 먹는 시리얼에서 GMO를 제거할 것을 요구해왔습니다. 결과적으로 제네랄밀스가 생산라인 업그레이드에 1년간 투자 후 non-GMO 시리얼 제품 라인을 출시하게 되는데요, 이는 매우 중요한 조치입니다. 제네럴밀스가 미국 최대 식품가공 회사이고 이 시리얼이 글로벌에서 네 번째로 잘 팔리는 제품이기 때문이죠. 유사한 소비자 압력으로 켈로그(Kellogg's)도 특정 라인의 제품들에 non-GMO 인증을 받았습니다.

세계에서 육류 소비가 가장 많은 국가는 어디일까요? 1인당 권장 소비량 대비 3배를 먹는 덴마크가 그중 대표적인 국가인데요, 덴마크 정부가 드디어 세계 최초로 칼을 뽑았습니다. 온실가스 배출량 70%를 감축하겠다는 기후 목표를 달성하기 위해, 2024년 말부터 농업 탄소배출에 대한 세금을 도입한다고 발표했습니다. 결론적으로 농부가 소 1마리당 배출 가스에 대해 연간 100달러(약 13만 원)를 지불해야 하죠. 소비자도 2030년부터 소고기 1kg당 30센트(약 390원)를 추가로 지불할 것으로 예상하고요. 농업이 북유럽 국가에서 가장 큰 온실가스 배출원이기 때문입니다. 농부들의 초기 장려를 위해 60% 기본 세금 공제를 포함해 단계별 공제 혜택을 제공하는 등 이 법안은 녹색 전환을 장려하고 촉진하기 위한 57억 달러(약 7조 4,000억 원) 규모의 녹지 기금도 포함합니다.

덴마크 정부가 문제의 해결을 근원적인 관점에서 출발했다는 점에서 박수를 보냅니다. 늘리거나 더하는 것이 아닌 빼기의 실천 모델이죠. 이러한 선구적인 혁신적 움직임이 육류 소비와 축산이 정치적 문화 논쟁에 휘말려 있는 상황에서도 기후위기 극복을 하려는 EU 및 다른 국가에게 사례가 될 수 있을 뿐 아니라, 결과적으로 이 정책 시행이 육류 소비를 줄이는 작은 습관으로 유도될 것이고, 자연스럽게 국민 개개인 스스로의 건강을 회복하게 되는 길이 될 것이라는 점에서 고무적입니다.

일본은 쌀과 함께 밀이 주요한 주식원임에도 불구하고, 밀 수입 최대 국가 중 하나입니다. 1970년대까지 밀 자급율이 4% 정도였으니, 당시 일본 대형 제분회사들은 원료인 밀의 대부분을 수입 밀로 대체했죠. 하지만 일본정부는 이 와중에도 지속적으로 자국 밀을 소비할 방법을 고민합니다. 불안한 세계 정세에 대항하는 식량안보 확보도 필요했고요. 일본정부는 자국산 밀의 가격 경쟁력 확보부터 시작했습니다. 정부 주도로 자국 밀을 수매하되, 밀 생산농가에게 비싸게 밀을 구입해 제분업체 등 소비처에 구입가보다 싸게 판매해 자국산 밀 소비 시장을 유지했죠. 자국 밀 가격이 수입 밀보다 20% 이상 저렴했습니다. 결국 대형 제분회사들이 소비하는 자국산 밀의 양은 일본 전체 자국산 밀 소비의 62.5%를 차지합니다. 한편 생산설비와 규모 등에서 불리함에도 불구하고, 중소 제분회사들이 자국산 밀 100% 이용에 힘을 쏟습니다. 정부의 밀농가 직접지불금 제도도 주요한 뒷받침이 되었기에 가능했죠. 오늘날 일본 밀 자급률을 17%까지 견인한 핵심입니다.

일반적으로 우리는 잘하는 것을 하면, 더 잘할 수 있습니다. 정책입장으로 봐도 그렇습니다. 우리의 가루쌀이 대표적인 사례죠. 한 나라의 음식 중에서 주식(主食)보다 더 잘 다룰 수 있는 식품이 있을까요? 자랑스러운 주식의 혁신입니다. 앞선 지중해 식단에서 같은 맥락의 흥미로운 아이디어가 발현되었습니다. 지중해 식단의 중심이 올리브죠. 그런데 올리브 원재료 중 단 15%만이 식품으로 사용되고, 나머지가 폐기되어왔습니다. 85%에 해당하는 올리브 씨앗, 찌꺼기와 같은 부산물을 재활용해 산업용 밀가루로 전환하는 개발사업이 시작된 것입니다(2022). 기존 밀가루 대비 글루텐 프리, 저칼로리, 고섬유질 대안인 올리브 가루가 가능하다고 하죠. 현재 식품에 혼합 응용(크래커 100%, 파스타 50%, 빵 20%, 쿠키 30%, 애완동물사료)되고 있고요.

그런데 반대로, 서구는 못하는 걸 잘하려고 하니 고생입니다. 그들에겐 익숙하지 않은 식물에게 너무 많은 애를 쏟아붓고 있습니다. 과다하게 섭취하고 있는 육류를 덜 먹는 방향으로 정책을 펼칠 수 있었다면, 지금의 대체육 시장 같은 무리한 상황이 연출되지 않을 수도 있었겠다 싶습니다. 이 또한 그리도 걱정하는 비만 문제에서 탈출할 수 있는 장기적인 습관을 만들고요. 건강한 선택을 너무 어려운 선택으로 이끌고 있습니다. 앞선 예시처럼 미국의 경우 주별로 상이한 규제를 하고 있는 것도 한 예입니다. 어려운 길을 선택한 결과입니다. 혹은 첨단 기술에 너무 의존하고자 했던 전략의 첫 단추를 너무 꽉 조인, 그래서 다시 풀기 어려운, 그 와중에 있는 것일 수도 있겠습니다.

한편으로는 각 정부가 쉽게 따라 할 수 있는 모델도 있습니다. 이 책에 강조하고 있는 클린라벨에 관한 것인데요, 2030년까지 세계인의 건강을 목표로 하는 유엔의 SGDs(Sustainable Development Goals 지속가능발전목표)를 의제로 WHO가 개발한 라벨 지침을 지키는 것입니다. 유엔의 지침은, FOPL(Front of Package Label, 포장전면라벨)이라 불리우는 기본 라벨링을 제시해, 각 국가

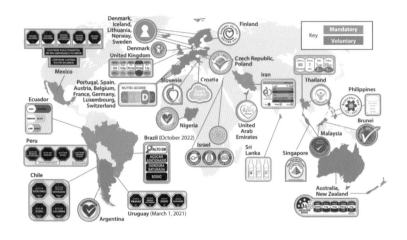

〈자료 35〉 국가별 FOPL
출처: foodlabelsolutions

의 특정 식단 사항을 고려하면서 지방, 나트륨, 설탕 섭취량을 제한
해야 하는 중요성을 부각시키고자 합니다. 제가 주창했던 '소지설
(소금, 지방, 설탕) 줄이기'와 같은 맥락이네요. 전 세계적으로 소지
설 함량이 높은 초가공식품의 소비가 증가함에 따라, 정책 입안자
들의 경각심을 높이고 소비자의 건강 인식도를 높이려는 취지입니
다. 이를 기반으로 설계된 국가별 FOPL을 소개 드립니다(자료 35).

　앞과 같이 몇 가지 사례만으로 정책을 논하기에는 부족하지만,
우리는 정책의 중요성과 영향력을 이야기하고자 하는 것입니다.
이것이 주는 시장의 반응과 파급되는 질서를 강조하고요. 국가의
정책이 첫 단추입니다. 다른 산업이야기이지만 한국교육의 경우
를 빌어보면, 우리가 오로지 수능입시 제도에 맞춰 12년의 공부
방법을 계획하는 것처럼, 첫 단추에 그다음 단계들과 그 결과가
달려 있습니다. 마지막 단추에서 잘못된 점을 알아차려도, 잘못을

바꾸기엔 너무나 어렵죠. 이런 경우 대부분의 공사(公私)가 원점으로, 혹은 기본으로 돌아가 문제를 해결하지 못하고 임시방편으로 땜빵하게 되는 큰 이유입니다. 앞서 AI를 도입한 식물기반 스타트업 클라이막스가 식물기반 카세인을 개발할 당시 가장 큰 고민이 바로 이것이었죠. 식물성 치즈를 만들 때 대답해야 할 첫 번째 질문이, 동물성 카세인의 유당에서 식물성 유당으로 전환하고 있음에도 불구하고, 전통적인 유제품 방식대로 응용할 수 있는지 여부였습니다. 즉, 기존의 식물성 카세인이 우선적으로 기본적인 치즈의 녹고 늘어나는 성질을 만들어 줄 수는 있을지 모르지만, 해결해야 하는 것은 전통적인 수많은 종류의 치즈 제조에 사용할 수 있는 기능성 우유 기질을 그대로 만들어서, 정확히 같은 방식으로 어떤 치즈로든 바꿀 수 있어야 한다는 것입니다. 그의 AI기반 정밀제제 카세인이 초거대 글로벌 치즈 기업, 벨의 즉각적인 러브콜을 받은 이유입니다.

이상과 같이 초개인화 상품을 예시로 시장을 열어 보았습니다. 이 또한 미래식품 구상의 괘 안에 있습니다. 같은 향방으로 미래를 꿈꾸기 때문일 것입니다. 초개인화 상품의 5W1H 접근이 다음과 같이 간단하고 명료한 큰 그림을 그려냅니다.

기업과 기술과의 혁신적 협업이 상품을 매개로
인간적 연결의 구축을 신속하게 만듭니다.
이에 따른 스마트한 소비가 시장 참여의 완성을 이루고,
국가 정책은 든든한 기저로 시장의 안전을 구축합니다.

앞서 살펴본 것처럼 세상은 사실을 기반으로 보면 두렵지 않습니다. 제기되었던 많은 우려를 넘어 우리는 이제 다시 괜찮아질 것입니다. '미래란, AI란, 아직 이루어지지 않은 모든 것'입니다. 스마트한 우리가 상상하는 대로 스마트한 미래가 약속될 것입니다. 모두를 위한 지속 가능한 미래식품을 그렇게 이해하고 만들어야 할 의무와 책임에 동의하는 것이 첫 단추입니다.

2

우리 모두를 위한 미래식품

문제는 문제가 아닙니다
문제를 바라보는 우리의 시각이 문제입니다
질문을 바꾸면 결과가 달라집니다

식품혁명이 그렇게 어려운 일일까요? 어렵다고 생각하기 때문에 더 어렵게 느껴질 가능성이 있습니다. 무(無)에서 유(有)를 창조한다는 말이 있는데, 그런 일은 있을 수 없죠. 모든 문제는 반드시 되돌아봐야 할 본질이 존재하며, 그에 근거한 문제의 해결 방식에는 누구도 이의를 제기하지 않습니다. 그럼 먼저 본질이 무엇인지 끝까지 파고드는 것이 중요하겠죠. 미래식품에 관해 5W1H 접근을 시도한 이유였습니다. 그 본질과 목표하는 미래를 결합하는 것이 우리가 찾는 미래식품의 비전이 되리라 믿는 것이고요. 이에 기반해 미래식품을 구하고자 몇 천 년 역사를 넘나들고 대륙을 건너며 음식 위에 펼쳐진 기술과 음식문화를 뒤져보고, 열어보고, 검토하며, 여기까지 왔습니다. 이제껏 치열하게 살펴본 온갖 논의를, 우리가 구상했던 다음과 같은 미래식품의 본질 위에 얹혀보도록 하겠습니다.

미래 세상의 지속 가능한 생명력은
안전하고 건강한 음식에 달려 있습니다.
이 미래식품을 위해
인류가 다시 혁신적 기술과 힘을 합해야 하고요.

앞선 논의를 함축하면 미래식품의 본질은 '개발'과 '시장'이라는 두 기준에 달려 있습니다. 개발은 기업과 기술의 협업에서 비롯되었죠. 그 중심에는 선도적인 인간이 존재했고요. 그리고 시장은 필요성과 그에 대한 대응력, 즉 '소비'와 '공급'입니다. 미래식품은 이 두 기준이 만나는 곳에서 시작되고, 그렇게 함의된 토양 위에 '미래식품'이 안전하게 놓일 '터전'이 자리합니다. 이 맥락으로 정리해보겠습니다.

Who 그리고 How_인간 중심 기업과 첨단 기술

스마트폰이 우리를 매우 바쁘게 하지만 그 정도의 번거로움 때문에 스마트폰이 가져다주는 정보 황홀경을 포기할 사람은 없습니다. 스마트폰 앱으로 커피를 주문해야죠. 냉장고의 프레온가스는 오존층을 파괴하고 온실효과를 가져오지만, 우리는 냉장고가 선사하는 쿨하고 시원한 맛의 환상을 포기하지 못합니다. 가전제품 중 우리와 가장 친한 걸요. 자동차의 공해 또한 결정적입니다. 그렇다고 예전처럼 말을 타거나 걸어 다니겠습니까? 더구나 꼭 타보고 싶을 만큼 테슬라 전기자동차의 디자인은 너무 멋지죠.

대체계란과 배양육 최초 판매 승인을 받았던 잇저스트 CEO의 인터뷰가 기억이 납니다. 지구와 인류의 건강회복이라는 긴박한 목적을 두고 만든 대체식품이었음에도 불구하고, 판매에 앞서 그는 이렇게 이야기했습니다. "통신이든, 식품이든, 운송이든, 그 제품들이 '환경', '건강', '윤리'라는 구매 동인으로 움직이지 않더라도, 단순히 더 잘 작동하니까, 더 맛있으니까, 디자인이 더 멋있다는 이유로 소비자가 제품을 선택하도록 유도하는 것이, 제품 판매 문제해결의 가장 효과적인 첫 번째 방법이다."

그렇습니다. 우리는 매력적인 삶의 편리를 포기하지 않을 것이기 때문입니다. 현재 우리 삶의 진실이죠. 미래는 여기에서 출발했습니다. 푸드테크 산업과 우리 모두가 동의했고요. 앞서 우리가 푸드테크와 기술에게 질문했었죠. 그래서 어떻게 해결할 것인가요? 그들은 이렇게 화답했습니다. 과학자, 기술자, 투자자, 기업가, 셰프들이 각자의 경계를 허물고 합세하겠다고요. 과학자처럼 생각하고, 기술자처럼 행동하며, 셰프처럼 음식을 만들고, 기업가처럼 경영하는, 바로 이러한 진정한 푸드테크 기반의 미래식품 혁신을 약속했습니다. 미래식품에 대한 공조는 이렇게 시작되었습니다.

이처럼 현재 우리에게 필요한 건 구분과 경계가 아니라 관계입니다. 미래식품개발의 두 주역, 기업과 기술이 그렇게 상생을 하는 것이고요. 선도적인 인간과 기술의 연결이 완벽한 조화를 이루어가며 공존하는 미래를 만들어가고자 하는 것이죠. 기업은 소비자 경험과 원츠를 기반으로, 확고한 사업목표를 설정하고 양질의 데이터를 확보하며 첨단 IT 인재 양성과 원활한 소통이 요구됩니다. 정확한 목표의 부재와 AI에 대한 과신은 이미 수많은 기업의 실패 원인으로 남았습니다. 또한 성공하는 기업의 근간인 소비자 통찰력을 빠르게 밝혀내는 것이 AI의 주된 업적입니다. 이는 인간이 제공한 양질의 데이터를 분석해 생성한 책임 있는 정보의 결과죠. 여기서 출발한 소비자와의 연결방법이 개별 맞춤형으로 구축되는 것입니다.

한편 스마트폰이 또 다른 흡연이 될까 하는 많은 우려가 있습니다. 희대미문의 디지털 연결 시대가 거꾸로 전례 없는 인간 단절의 시대를 가져왔으니까요. 여기서 문제는 스마트폰 자체가 아니라 스마트폰과의 관계입니다. 예시로 들었던 스타벅스 앱의 출발점이 관계였죠. 스타벅스는 자사 비즈니스에 인간의 모바일 이용이 큰 리스크로 작동함을 알았죠. SNS 같은 디지털 상호작용이 실제 만남을 대체할 수 있다는 심각한 고려가 있었던 것인데요, 편한 만남의 장소(The 3rd Place) 컨셉으로 성장한 기업인 만큼, 빠르게 이 문제를 인지했습니다. 그런데 상품을 통해 이를 해결하고 조율했습니다. 대체될 것 같던 SNS를 이용해 기프티콘 시장을 만들었죠. 결국 인간이 기술에 이를 어떻게 설계, 운영하느냐에 달려 있는 것입니다. 스타벅스 앱은 사려 깊은 기술의 연결이 인간관계를 강화해, 사람들이 디지털 공간에 존재하고 공동체의 일부로 여겨지도록 했습니다. 이러한 접근은 더 나아가 사람들이 더 인간적이 되고 인류에게 더 나은 봉사를 할 수 있는 원동력이 될 수도 있을 것입니다.

정리해보면, 인간의 창발이 기술을 활용해 혁신의 기반을 구축합니다. 스마트한 인간이 이를 또 다른 아이디어 융합으로 더 발전된 재창조를 이루어내고요. 또한 기술이 제공한 속도와 효율로 우리는 개발에 있어서 보다 여유로움과 향상된 능률을 누릴 수 있는 것이죠. 이렇게 선순환의 고리로, 우리가 그 어느 시대보다도 신속하고 사려 깊은 기술과의 관계를 통해 인류를 위한 건강하고 안전한 식품을 만들어낼 수 있다고 믿습니다.

Why 그리고 When_스마트 소비와 안정 공급 시스템

미래식품의 개발은 식량위기에서 촉발되었습니다. 그런데 작금의 식량위기 해결책은 단순히 식량부족뿐만 아니라 농식품업의 거대한 산업화가 초래한 지구환경, 인류건강 그리고 동물복지 문제를 남겼죠. 따라서 미래에 지속 가능하고 영양가 있고 환경 친화적인 식량생산을 달성하려면 혁신적인 농업 관행, 진화하는 식품가공 기술, 디지털 기술 응용은 물론, 생산 방식을 재정의하는 접근 방식을 포함해 식량공급망의 포괄적인 변화가 요구됩니다. 이러한 위기와 복잡성에 대한 변화 인식이 우리를 불안하게 합니다.

그렇다면 미래의 식량공급은 어떻게 준비되고 있나요? 앞서 충분

히 보았습니다. 대체 단백질 개발이 열풍을 일으켰었죠. 대체 단백
질은 수많은 시행착오 뒤에 AI 활용으로 새로운 방향의 전환점을
맞이하고 있습니다. 이에 더해 농업 연구자들이 새로운 작물을 속
속 출시하고 있고요. 국내의 가루쌀 품종개발처럼 각 지역별로 고
유의 음식문화에 기반한 미래식품 구상도 다채롭습니다. 더하기 말
고 빼기 전략도 가세합니다. 인간의 육류 과다섭취를 지양하고 공
장식 축산의 개선을 유도하는 탄소세 도입도 제정되었고요, 가축으
로부터 메탄 배출을 감소시킬 수 있는 해조류 사료도 출시된 지 한
참 되었죠. 식품가공 측면에서는 보다 건강한 식품을 제공하기 위
해 클린라벨링에 적극 동참하고 있습니다. 공급망으로 조금 내려
가볼까요? 공급자들은 끊임없이 애를 쓰고 있습니다. 소비자의 입
맛을 중시하는 것 외에도 윤리적인 요소, 수익도 모두 감안해야 하
니까요. 이제 이들은 AI 활용으로 소비자에게 더욱 빠르고 친절하
게 다가갑니다. 소비자가 원하는 시간, 원하는 위치로 달려옵니다.

　작금의 식품개발의 주된 초점은 공급 측 솔루션, 즉 효율성 개
선, 영양가 향상, 특정 식품의 접근성 증가, 그리고 소비자 개개인
까지 맞춰져 왔습니다. 하지만 기후변화, 식량 불안정, 식단 관련
건강 문제의 교차하는 세계적 과제는 식량 시스템과 소비자 선택
과 복잡하게 연결되어 있죠. 상당한 식단 변화를 촉진하려면 식량
공급뿐 아니라 수요에서도 획기적인 변화가 필수적입니다.

　네, 소비자는 왕입니다. 수요 관점에서 이에 걸맞은 충분한 역
할과 변화에 스마트하게 대응할 수 있습니다. 기술문명이 안겨준
매혹적인 편리 뒤에서 불안만을 가중시킬 필요가 있을까요? 알면

대응하는 것이 보다 쉽습니다. 무엇을 해야 할지도 보이고요. 손 안에서 터치 한 번으로 새로운 기술, 새로운 식품에 대한 이해도도 높일 수 있습니다. 우리 소비자는 쉽게, 식품의 라벨을 보는 습관을 들이는 것만으로도, 건강 가까이에 갈 수 있죠. 스마트한 소비가 소비-공급의 순환 또한 선방향으로 리드하면서 우리가 원하는 미래식품에 한층 다가갈 수 있으리라 믿습니다.

이처럼 소비자 수요가 식품 시스템의 미래를 형성하는 데 한 축을 이룹니다. 그런데 우리가 소비를 할 때, 어떤 기준으로 식품을 선택할까요? 앞서도 지역 혹은 국가별 흥미로운 사례들을 가지고 논의했듯이, 음식문화가 인간의 선호도를 형성하고 가능하게 하는 사회적 힘입니다. 범위를 확장하면 문화가 음식에 대한 신념, 관행 및 전반적인 수요에 중요한 영향을 미치게 되죠. 이렇게 음식문화가 우리의 집단적 선호도를 바꾸는 사회 전반의 해결책이라는 접근에서, 음식문화의 막강한 영향력을 확인합니다. 결국 음식문화는 식단 다양성을 장려하고, 지역 식품 시스템을 지원하며, 전통 지식을 보존하고, 소비자 선호도와 행동을 형성함으로써 식품공급 시스템의 안정성과 회복력을 증진하는 데 중요한 역할을 합니다. 이렇게 보다 지속 가능한 음식문화를 만들어냄으로써 지역 사회는 위기를 견뎌낼 수 있는 보다 회복력 있는 식품 시스템을 구축할 수 있고요. 음식문화가 지속 가능한 미래식품의 열쇠인 것입니다.

그런데 이러한 거대한 음식문화가 바로 우리 주변에 있습니다. 그것은 우리의 아침, 점심, 주말 행사를 주도합니다. 그것은 주어진 사회 내에서 음식을 둘러싼 즐거운 이야기들로 구성되어 있죠.

그리고 이러한 이야기는 우리의 사고, 가치관, 선호도를 형성합니다. 무엇이 멋진지, 무엇이 중요한지, 무엇이 좋고 그렇지 않은지, 무엇이 보호할 가치가 있는지, 무엇이 노력할 가치가 있는지요. 스타 셰프 앤서니 보르데인Anthony Bourdain이 이를 잘 표현했는데요, "저는 음식, 문화, 사람, 풍경이 모두 절대적으로 분리될 수 없다고 생각합니다"라고요.

이렇게 스마트한 우리가 삭막하다고 여겼던 기술문명을 음식문화로 훈훈하게 감쌀 수 있을 것으로 기대합니다.

Where 그리고 What_안전한 터전 위의 미래식품

미래식품을 둘러싼 개발과 시장의 목적은 근본적으로 지구와 인류의 건강을 위하고자 함입니다. 각국 정부와 정책은 합가치성을 위해 이 모두를 이끌어가죠. 이들은 새로운 식품에 대한 개발 의지, AI와 같은 첨단 기술에 대한 규제, 적절한 공급망, 그리고 스마트한 소비 패턴으로 바꾸기 위한 올바른 가이드라인을 구상하고 있습니다. 이러한 식품 시스템 개선과 더불어 식량안보 과제를 해결하기 위한 효과적인 대외 전략도 중요한 과제로 부상했고요. 그리고 식품의 대외수급에서 간과해서 안 되는 점은, 각국 음식문화가 다르다는 것임을 앞서 지적했습니다. 음식은 우리의 사고방식, 가치, 규범, 즉 문화의 변화를 주도하는 한 축이기 때문이죠. 따라서 모든 음식문화를 존중하는 포괄적인 수요방식은 지속가능한 기호에 대한 수요를 높이는 전략이 될 것입니다. 이를 효과적으로 실행하면 건강하고 친환경적인 식품에 대한 긍정적인 태도를 촉진해 인구 전반에 걸쳐 수요를 증가시킬 수 있을 것이고요. 이는 기업, 소비자 및 정책 입안자 모두에게 이로울 것입니다. 하지만 책상 위의 전략만으로는 충분하지 않습니다. 전략은 종이와 화면 위에만 있을 뿐이니까요. 정부와 정책 담당자님, 우리 그리고 첨단 기술과 함께 '에코 지구' 위로 뛰어 올라오시죠. 그리고 우리 함께 이렇게 외쳐 보겠습니다.

"우리가 첫 단추를 제대로 끼운다면,
30년 후에 다음 세대들이 옷을 잘 입었다고 판단할 것입니다.
아울러 다음 세대가 그들에게 맞는 기술을 덧붙여
그 옷에 예쁜 장식을 할 수 있을 거고요.
인류의 DNA는 이렇게,
가장 스마트한 방향으로 강화되어갈 것입니다."

우리는 긴 여정을 통해 미래식품과 그 시장은 첨단 기술만이 성공의 전부가 아님을 알았습니다. (1) 선도적인 인간이 주도하는, (2) 건강하고 안전한 대량생산을 이루어낼 수 있는 기술과의 혁신적 협업과, (3) 식품을 판매로 연결시킬 수 있는 열성적 소비자 네트워크를 만들고, (4) 이를 연결하는 문화역량, 그리고 (5) 인간본위의 기술력 통제와 식량안보 과제 해결 등 정부역할이 고르게 갖춰져야 하죠. 이제 미래식품 구상의 본질 위에 우리의 논의를 올립니다(자료 36).

스마트한 우리, 기술혁신과 협업, 문화역량이 미래식품을 만듭니다.

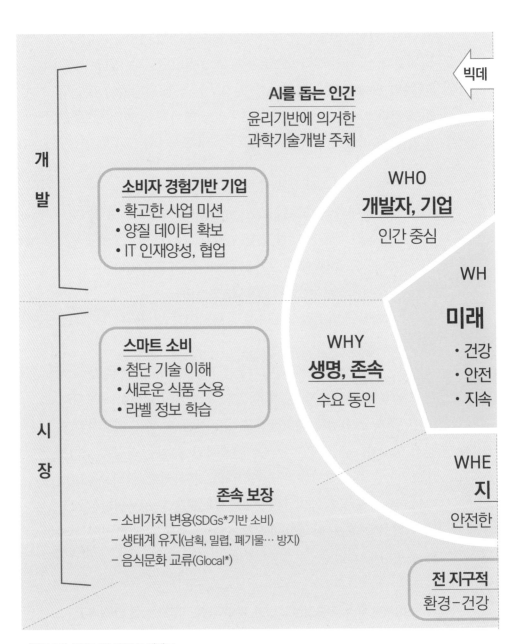

〈자료 36〉 미래식품 5W1H 체계도

* SDGs(Sustainable Development Goals, 유엔의 지속 가능발전목표)
* Glocal(Global+Local=Glocalization, 글로컬, 지역의 문화적 특성을 고려한 세계화)

출처: 필자 작성

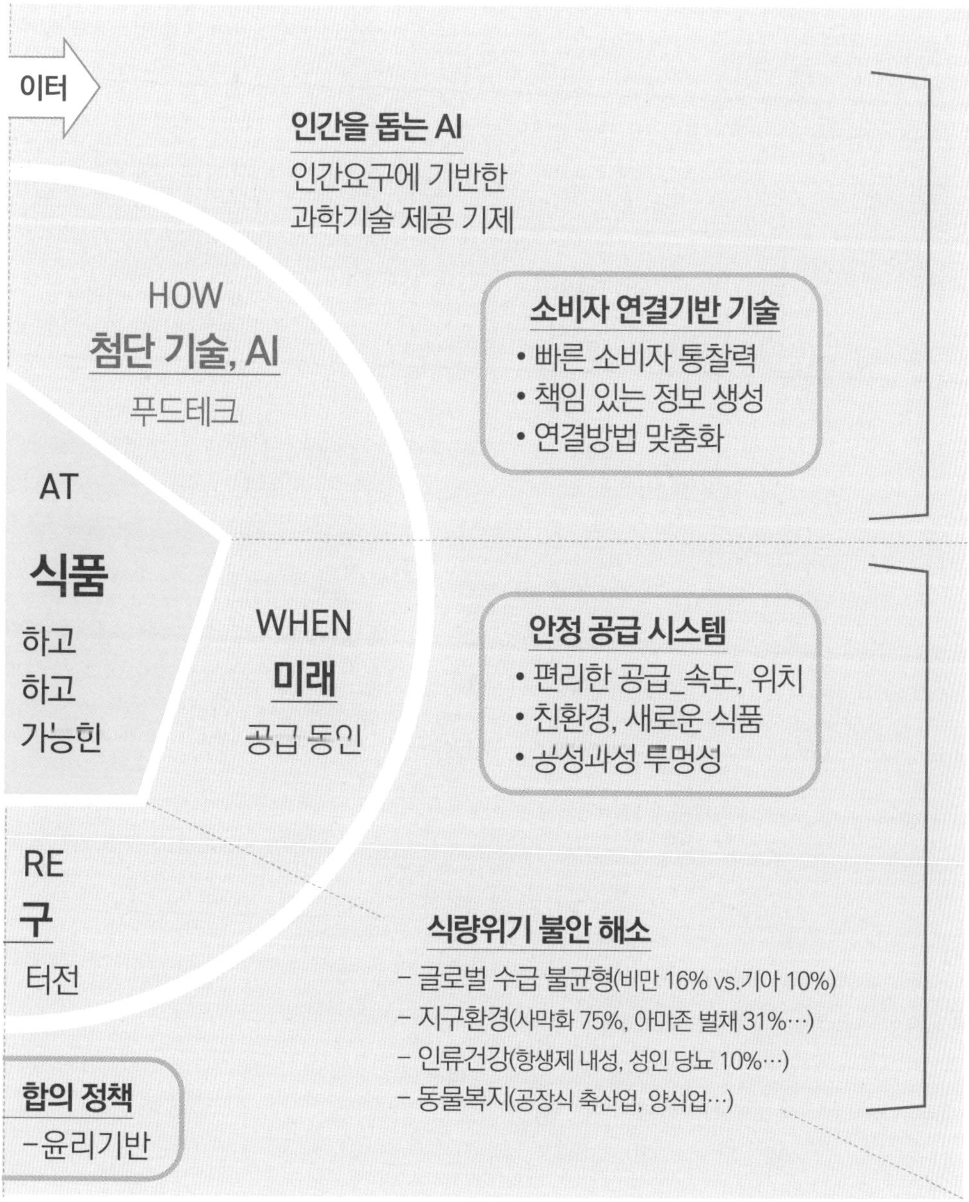

이터 >

인간을 돕는 AI
인간요구에 기반한
과학기술 제공 기제

HOW
첨단 기술, AI
푸드테크

소비자 연결기반 기술
• 빠른 소비자 통찰력
• 책임 있는 정보 생성
• 연결방법 맞춤화

AT

식품

하고
하고
가능한

WHEN
미래
공급 동인

안정 공급 시스템
• 편리한 공급_속도, 위치
• 친환경, 새로운 식품
• 공성과성 투명성

RE

구

터전

식량위기 불안 해소
– 글로벌 수급 불균형(비만 16% vs.기아 10%)
– 지구환경(사막화 75%, 아마존 벌채 31%⋯)
– 인류건강(항생제 내성, 성인 당뇨 10%⋯)
– 동물복지(공장식 축산업, 양식업⋯)

합의 정책
–윤리기반

나가며 | 답은 단순함에 있습니다

답은 단순함에 있다고 하죠.
끝맺음도 그러려고요.

스티브 잡스^{Steve Jobs}가 우리에게 선사한 어록입니다.
"문제를 해결하려고 처음 시작할 때,
가장 먼저 떠오르는 해결책은 늘 매우 복잡하죠.
그래서 대부분의 사람들은 거기서 멈추고 맙니다.
단순함이 항상 더 낫습니다."

저의 이번 책은 맛있는 음식이 주제임에도 불구하고,
지루한 기후 이야기, 어려운 기술용어, 미지의 미래,
속내는 이리 복잡했습니다.
기술이란 단어는 자그마치 328번을 사용했네요. 미래는 218번,
기후는 조심하려고 했으나 31번….

이왕지사 기분 좋은 미래를 공유하고 싶습니다.
이 책의 내용은 6부문으로 나뉘어 연결되어 있죠.
각각을 문단 하나, 그림 하나로 단순화해 보겠습니다.

AI를 활용해볼까 해서 챗GPT에게 물었는데,
엉뚱한 답이 나오네요.
아직은 선도적 인간인 제가 쓰고 그리겠습니다.:)

1부 (1)장

인류는 불의 사용 이래 '기술'에 대한 욕망을 품습니다.

인류는 산업혁명 이후에 폭발적으로 기술발전 '속도'를 끌어 올렸습니다.

지금은 스마트폰에 이어 생성형 AI까지 맞이했습니다.

식품산업도 디지털 기술로 무장한 푸드테크 산업으로 확대되었고요.

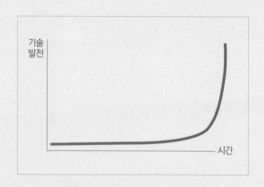

1부 (2)장

인류는 역사상 두 번의 식량위기를 맞이합니다.

모두 '급속한', '인구증가'에 따른 현상이었죠.

인류가 이 문제를 어떻게 극복하고 있는지,

어떤 부작용은 없는지, 새로운 현상은 없는지 알아야 합니다.

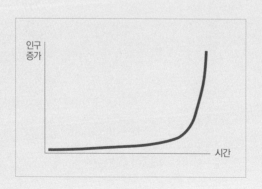

1부 (3)장

테크의 힘을 빌어 식량위기를 모면한 덕에 인류는 생존과 편리를
보장받았습니다. 하지만 우리의 식탁은 더욱 불안합니다.
식량을 둘러싼 환경이 위험하고, 안전한 식자재도 부족하죠.
'불안과 편리' 사이의 균형을 찾아야 합니다.
문제의 '본질'에서 출발해서 우리가 원하는 미래식품의 밑그림을 그려 보았
습니다.

스티브 잡스는 또 응원합니다.
"단순함은 복잡함보다 어려울 수 있습니다. 생각을 깔끔하게 정리해서
단순하게 만들기 위해 열심히 노력해야 합니다."

미래는 그 누구도 알 수 없습니다.
어제를 돌아보면 비로소 내일이 보입니다. 지금껏 우리가 이룬 것들이
내일과 이어진다는 믿음이 필요합니다. 빨리 가는 것은 중요하지 않습니다.
오래 가려면 모두 함께 가야 합니다. 미래식품도 같습니다.

"미래의 지속 가능한 생명력은
안전하고 건강한 음식에 달려 있습니다.
이 미래식품을 위해 인류가 다시 혁신적 기술과 힘을 합해야 합니다."

2부 (1)장

디지털 시대를 맞이하면서 미래식품 환경도 변모하고 있습니다.

혁신기술을 앞세워 새롭게 등장한 식품도 있죠. 미래식품이라는

식량전환에 응용되는 기술 AI와 인간의 혁신적 협력은 고무적입니다.

2부 (2)장

각 나라에는 대대로 내려오는 고유한 전통 식단이 있습니다.

그 나라의 사람들을 하나로 이어주는 음식문화죠. 미래식품의

방향성은 동일하지만, 그 출발은 각 나라별 음식문화로부터 시작해야

합니다. 미래식품을 지속 가능하게 하는 열쇠입니다.

2부 (3)장

첨단 기술이 제공하는 미래식품이 다양한 모습으로 다가옵니다.
AI와 연결된 식품생태계는 지금보다 훨씬 복잡해질 것이고요.

미래식품은 '개발'과 '시장'이라는 관점에서 '인간 중심'과 '윤리기반'이
중심이 되어야 합니다. 환경-건강-윤리라는 안전한 전 지구적 가치
합의하에 '스마트 소비'와 '안정적 공급 시스템'이 시장을 완성하고,
'음식문화가 교류'될 때 지속 가능성을 담보합니다.

스마트한 우리, 기술혁신과 협업, 문화역량이 미래식품을 만듭니다.

웹사이트

- 가트너 www.gartner.com
- 구글 www.google.com
- 국립식량과학원 www.nics.go.kr/index.do
- 국가유산청 www.khs.go.kr/main.html
- 굿푸드 https://gfi.org
- 과학기술의학저널 www.sciencedirect.com
- 기후변화에 관한 정부 간 협의체 www.ipcc.ch
- 캔사스R&D www.ksre.k-state.edu
- 나스닥 www.nasdaq.com
- 낫코 https://notco.com
- 네이처파인드 www.naturesfynd.com
- 농림축산식품부 www.mafra.go.kr
- 도미노 피자 일본 www.dominos.jp
- 렛츠무브 https://letsmove.obamawhitehouse.archives.gov
- 메이요클리닉 www.mayoclinic.org/healthy-lifestyle
- 맥킨지 www.mckinsey.com
- 미국농무부 www.usda.gov
- 미국대두협회 www.unitedsoybean.org
- 미국보건복지부 www.hhs.gov
- 미국식품의약국 www.fda.gov
- 미국영양학회 https://nutrition.org
- 미국질병통제센터 www.cdc.gov
- 미쉐린 가이드 https://guide.michelin.com
- 보건복지부 www.mohw.go.kr

- 불가리아 불가리쿰 https://lbbulgaricum.bg
- 비욘드미트 www.beyondmeat.com/en-US
- 비헨스 www.behance.net
- 세계데이터 https://ourworldindata.org
- 세계보건기구 www.who.int
- 솔라푸드 https://solarfoods.com
- 스타벅스 www.starbucks.com
- 식품의약품안전처 www.mfds.go.kr
- 야후파이낸스 https://finance.yahoo.com
- 에그펀드 연구소 https://agfunder.com/research
- 월드미터 www.worldometers.info/#google_vignette
- 유엔식량농업기구 www.fao.org
- 유엔지속 가능발전 www.undp.org
- 일본미분협회 www.komeko.org
- 청소년기후행동 https://youth4climateaction.org
- 통계청 https://kostat.go.kr/ansk/
- 퍼펙트데이 https://perfectday.com
- 포워드푸딩 www.forwardfooding.com
- 푸드라벨 www.foodlabelsolutions.com
- 피자헛 일본 https://corp.pizzahut.jp
- 하버드대학 공중보건학교 www.hsph.harvard.edu
- 한국농촌진흥청 www.rda.go.kr
- 한국영양학회 www.kns.or.kr
- 한식진흥원 www.hansik.or.kr

책

- 김백민,《우리는 결국 지구를 위한 답을 찾을 것이다》, 2021
- 비 윌슨,《식사에 대한 생각》, 2019
- 세기와 아키히데, 오카다 아키코,《푸드테크 혁명》, 2021
- 이시카와 신이치,《분자요리》, 2016
- 유발 하라리,《사피엔스》, 2020
- 조너선 샤프란 포어,《우리가 기후다》, 2019
- 조영태.《인구미래공존》, 2021
- 조은희,《비건을 경영하다》, 2023
- 주종문,《실내농장(Indoor Farm)》, 2020
- Bill Gates,《How to avoid a climate disaster》, 2021
- Mark Maslin,《How to Save Our Plane》, 2021
- Michael Pollan,《In Defense of Food: An Eater's Manifesto》, 2009
- Paul Greenberg,《The Climate Diet》, 2021

보고서

- 농촌진흥청, '가루미2 개발로 산업화의 문을 열다', 2022
- Mckinsey Japan, Building a food security strategy for Japan in an age of global competition, 2017
- GFI, The State of Global Policy on Alternative Proteins, 2023
- Global Data and MarketLine Financial Deals, Starbucks Corporation, 2013
- JCA, Japan's Vision for Sustainable Food Systems, 2021
- USDA, Dietary Guidelines for Americans, 2020-2025

미래식품을 경영하다
-미래식품과 푸드테크 & AI-

제1판 1쇄 2024년 11월 25일

지은이 조은희
펴낸이 한성주
펴낸곳 ㈜두드림미디어
책임편집 배성분
디자인 디자인 뜰채 apexmino@hanmail.net

㈜두드림미디어

등 록 2015년 3월 25일(제2022-000009호)
주 소 서울시 강서구 공항대로 219, 620호, 621호
전 화 02)333-3577
팩 스 02)6455-3477
이메일 dodreamedia@naver.com(원고 투고 및 출판 관련 문의)
카 페 https://cafe.naver.com/dodreamedia

ISBN 979-11-94223-07-8 (03330)